破解提升群体效率的秘密，掌握有效群体创建的钥匙。

孙法平 编著

从单兵作战到合作共赢的工作新逻辑

合作思维

（第三版）

人民日报出版社

图书在版编目（CIP）数据

合作思维：从单兵作战到合作共赢的工作新逻辑／
孙法平编著． -- 北京：人民日报出版社，2018.2
ISBN 978-7-5115-5211-2

Ⅰ.①合… Ⅱ.①孙… Ⅲ.①企业管理-组织管理学
Ⅳ.①F272.9

中国版本图书馆 CIP 数据核字（2018）第 002811 号

书　　名：合作思维：从单兵作战到合作共赢的工作新逻辑
作　　者：孙法平

出 版 人：董　伟
责任编辑：刘天一
封面设计：陈国风

出版发行：人民日报出版社
地　　址：北京金台西路2号
邮政编码：100733
发行热线：（010）65369527　65369846　65369509　65369510
邮购热线：（010）65369530　65363527
编辑热线：（010）65369844
网　　址：www.peopledailypress.com
经　　销：新华书店
印　　刷：北京柯蓝博泰印务有限公司

开　　本：710mm×1000mm　　1/16
字　　数：197 千字
印　　张：14
印　　次：2018 年 10 月第 1 版　　2018 年 10 月第 1 次印刷

书　　号：ISBN 978-7-5115-5211-2
定　　价：45.80 元

前言

200万年前，地球上站在食物链顶端的顶级杀手有三个：泰坦鸟、剑齿虎和狼。泰坦鸟既有高达2.5米的庞大体型，又有灵巧的翅膀和无坚不摧的巨喙，在地球上为所欲为，无物能敌；剑齿虎一对剑齿加上猫科动物特有的灵巧和聪明，几乎就是天生的王者。与这二者相比，狼就逊色多了。狼虽然聪明之至，也凶狠无比，但在弱肉强食的远古丛林，弱肉强食是天然的法则，相对弱小得多的狼反而能站上食物链的顶端，凭什么？

200万年之后的今天，泰坦鸟和剑齿虎早已灭绝，只有偶尔一见的零星化石，狼却依然有着庞大的种群，在地球上任意来去，又是为什么？

大多数人都认为，狼是因为凶狠和狡诈才能笑到最后。比如蒲松龄写的《狼》里面，两只狼不停地使出各种阴谋诡计，让屠夫投尽了所有的剩骨还不满足。为了吃掉屠夫，竟然一只狼坐在前面装睡，一只狼从后面挖洞来偷袭！这样阴狠狡诈的动物，当然没几个敌手，所以能繁衍到今天。

然而真相并不是这样。狼之所以生存的真正原因只有两个字：合作！狼是最善于合作的动物。一狼装睡诱敌，一狼挖洞偷袭，就是一种完美的合作！泰坦鸟和剑齿虎固然凶猛无敌，却习惯于单兵作战，远不如看似弱小的狼之合作有力和长远。因而经过几百万年的进化，个体并不出众的狼群却依然是地球上强大的掠食动物，泰坦鸟和剑齿虎却完全不见了踪影。

动物生存需要合作，企业的生存当然更需要合作。特别是在当今这样

合作思维：从单兵作战到合作共赢的工作新逻辑

一个不合作不成功的时代，优势互补，合作共赢，1+1>2，才是一切成功最大的秘诀。合作才有力量，合作才能共赢，合作才会成功，取长补短，利益共享，以求得互赢、共赢和多赢，这才是合作时代成功的真谛。

尺有所短，寸有所长，没有全能的个人；取长补短，就高升低，就有完美的团队。抛弃个人英雄主义，单兵作战的思维早已不能适应时代的潮流，选择合作才是成功者的思维！

目 录

第一章　学会合作，树立团队合作意识

合作是时代的主旋律，是成功的奠基石。特别是在当今这样一个不合作不成功的时代，一个人本领再强，能力再强，如果不懂得合作，注定会被时代淘汰，被成功抛弃。

1. 合作共赢是成功的秘诀　／2
2. 单兵作战是缺乏团队意识的表现　／6
3. 没有完美的个人，只有完美的团队　／13
4. 优势互补，合作产生1＋1＞2的效果　／15
5. 融入团体，大力发扬集体主义精神　／18
6. 同心同德，创造团队合作的成功奇迹　／21

第二章　平等待人，带着尊重与信任参与合作

团队合作是建立在友好、平等、和谐的基础之上的。每个人都渴望被尊重，每个人都有被尊重的权利。不平等的合作是难以长久的，也是不会成功的。要使团队有合力，创造工作的奇迹，就必须把尊重和信任作为前提。

1. 平等友善是友好合作的基础 / 26
2. 没有尊重，就没有团队协作 / 29
3. 诚实守信，做个出色的合作搭档 / 32
4. 信任你的伙伴，避免"囚徒困境" / 35
5. 宽容、理解，用换位思考来解决冲突 / 38
6. 精诚团结，与团队成员相互扶持 / 40

第三章 用心沟通，让团队合作变得畅通无阻

沟通是化解矛盾、排除障碍的良药。合作从沟通开始，沟通从心开始。敞开心扉，展现你的尊重、你的支持、你的理解和需要，以坦诚的心来倾听对方的声音，合作就会无往而不胜。

1. 沟通是合作的开始 / 46
2. 倾听不同的声音，排除合作障碍 / 49
3. 注意日常沟通的"禁忌语句" / 53
4. 让幽默成为沟通的润滑剂 / 58
5. 沟通上级，获得支持 / 62
6. 沟通同事，化解工作矛盾 / 67

第四章 提升士气，营造团队合作的强大气场

团队作战，士气很重要。因而要善于营造团队合作的气氛，引爆团队成员的激情，让每一个团队成员都热情洋溢，从而创造出团队合作的奇迹。这是团队领导者的重要任务，也是每一个团队成员的任务。

1. 聚集正能量，激发高昂的士气 / 72

2. 培养合作意识，爆发自己的能量 / 77
3. 激情成就梦想，让激情在团队内流淌 / 82
4. 引入竞争，激发员工的斗志 / 85
5. 树立模范标兵，唤醒员工的荣誉感和使命感 / 88
6. 善于授权，创建高士气的团队 / 91

第五章　善用激励，掌握互惠互利的合作技巧

合作的根本原因是大家都有利可图。掌握这个原则并利用它所带来的利益——包括物质和精神两方面，去激励员工的工作热情，会促使他们的工作动机更加强烈，并将潜在的巨大的内驱力释放出来，合作能量就会无限地增大。

1. 有效激励是维护合作的好方法 / 96
2. 建立对内公平、对外竞争的激励机制 / 99
3. 把握时机，把激励用在刀刃上 / 102
4. 精神激励比物质激励更持久 / 104
5. 斤斤计较是最差劲的负激励 / 107
6. 低效团队靠管理，高效团队靠激励 / 110

第六章　强化学习，不做团队合作中的"短板"

决定木桶容量大小的关键并非长板，而是短板。团队也是一样，一个团队是否高效有力，并非由团队中最能干的人决定，而是由能力最欠缺的人决定。所以作为团队的一员，要加强学习，不断提升自己的能力，跟上团队的脚步，不做团队中的短板，不拉团队的后腿。

1. 不断学习，提高团队核心竞争力 / 116
2. 互相学习、互相交流，才能共同进步 / 119
3. 扬长避短，积极发挥你的优势 / 122
4. 用培训来加长团队的"短板" / 127
5. 团队知识共享，才能互通有无 / 129
6. 全面学习、全员学习，踏上进步的阶梯 / 132

第七章 重视细节，认真优化团队合作的策略

合作是需要方法的。如何高效地合作，让每一个环节都恰到好处，这就需要认真优化团队合作的策略，不放过任何一个细节，排除合作中的各种障碍，找出最佳的合作方案，取得最大的利益，打造完美团队。

1. 工作无小事，细节决定合作的成败 / 136
2. 各司其职，团队讲求的是蚁群效应 / 139
3. 谦逊低调，构建团队合作的气氛 / 141
4. 灵活应对，避免合作中正面冲突 / 144
5. 求同存异，寻找双方的共同利益点 / 147
6. 追求双赢，把竞争对手变为合作伙伴 / 149

第八章 高效执行，创建雷厉风行的团队作风

团队的效率高不高，关键看执行力强不强。在如今这个讲求效率的时代里，团队的执行力往往就意味着团队的竞争力、生命力。一个没有执行力的团队、一群没有执行力的员工，最终都只能被时代淘汰。所以创建高效执行的团队作风是相当重要的。

1. 执行力是检验团队合作的标准 / 154
2. 打造铁的团队，要靠铁的制度 / 158
3. 协调一致，充分展示团队的力量 / 163
4. 确定目标，第一次就把事情做对 / 166
5. 令出必行，用自己的执行力说话 / 168
6. 快速行动，拒绝团队中的推诿扯皮 / 171

第九章 团队创新，让团队具有持久生命力

事物的发展规律告诉我们，任何事物都不是一成不变的，旧的思想观念、旧的管理模式、旧的操作方法等都会因为社会发展需要而改变。团队想要长久立足于竞争市场，就要不断创新。创新永远是企业得以持续发展的核心驱动力。

1. 每个岗位都是创新的舞台 / 176
2. 墨守成规不如以变应变 / 179
3. 突破束缚，让创新思维为岗位添彩 / 181
4. 敢冒风险，勇于尝试新事物 / 184
5. 勇于互联网创新，推动团队发展 / 187
6. 团队创新的最终受益者是员工自己 / 189

第十章 忠诚奉献，与团队一起成长、成功

一旦进入团队，团队就是我们的家。我们就要为它的发展负起责任。忠诚、奉献、牺牲都是我们必须为它做的，也只有付出这些，团队才能如我们所期望的一样成长、壮大，而我们也才能与团队一起走向成功。

1. 忠诚无价，永远忠于团队　/ 194
2. 团队协作的本质是共同奉献　/ 196
3. 为了团队要有牺牲精神　/ 199
4. 与团队步伐一致，同进同退　/ 201
5. 顾全团队大局，甘当配角　/ 204
6. 患难与共，与团队同呼吸共命运　/ 207

附录：测测你的合作指数有多高？　/ 210

第一章

学会合作,树立团队合作意识

合作是时代的主旋律,是成功的奠基石。特别是在当今这样一个不合作不成功的时代,一个人本领再强,能力再强,如果不懂得合作,注定会被时代淘汰,被成功抛弃。

合作思维：从单兵作战到合作共赢的工作新逻辑

 1. 合作共赢是成功的秘诀

在现代经济局势中，没有任何一个人能够拥有全部资源并能独立地完成所有的事情，无论他有多么伟大多么富裕拥有多么大的权力，他都不能。每一个人都必须依靠团队的力量才能将个人的能力完美地呈现，才能获得想要的成功。

个人主义早已不适应现代社会，一个人打赢一场战争的时代早已一去不返。作为个体，可能会凭借自己的才能取得一定的成绩，但绝不会取得更大的成功。只有善于合作，把自己融入到整个团队当中，依靠集体的力量，才可能把个人所不能完成的工作任务完成，从而获得成功。

在非洲草原上，如果你看见羚羊在奔跑，那可能是狮子来了，如果看见狮子在躲避，那可能是大象来了，如果你看见成群的大象和狮子都在逃命，那一定是蚂蚁来了。微小得不堪一击的蚂蚁居然会让狮子和大象也怕成这样？就因为它们不是一只只的个体，而是一个强大的整体，它们依靠团队的力量，团结一心，无坚不摧，狮子和大象又焉有不怕之理！

团队的力量是巨大的。团队的力量大于个人力量之和。一加一等于二，这是人人都知道的算术，可用在人与人的团结合作上，那就不再是一加一等于二了，而可能等于三、等于四、等于五……合作就是力量，这是很多动物都明白的再浅显不过的道理。

大雁常常会排成 V 字形飞行。为什么是 V 字形呢？因为每一只大雁在振翅飞行时，都会激荡起周围的空气，而这对于紧跟在它后面的同伴是非常有利的，能帮助它们省力。据科学测算，成群的大雁以 V 字形飞行，比一只大雁单独飞行能多飞 12% 的距离。因此，大雁会排成 V 字长队，彼此借力。但是，为首的大雁因为前面没有同伴就不能省力。于是，它们便定期变换领头者，以此形成互惠互利的合作局面。

非洲草原三只瘦弱矮小的鬣狗能把一匹高大的斑马分吃掉，就因为小鬣狗深明合作起来力量大的道理：一只鬣狗咬住斑马的尾巴，任凭斑马如何甩动尾巴，也死死咬住不放；一只鬣狗咬住斑马的耳朵，任凭斑马如何摇头，也决不松口；一只稍显强壮的鬣狗咬住斑马的一条腿，任凭斑马如何踢腾，一点也不敢懈怠。在三只鬣狗的齐心攻击下，"庞然大物"斑马就会体力不支瘫倒在地，成为鬣狗的盘中餐。

人作为社会的人，比动物更明白合作的威力，也比动物更需要合作的力量，团队合作已成为人类生存的必需。对于企业而言，团队意识和合作精神更为重要，企业对于合作型员工的渴求更加明显，"是否具有合作精神"，已经成为众多企业选取用人的准则之一。

开发微软 WindowsXP 时有 500 名工程师奋斗了 2 年，有 5000 万行编码。软件开发需要协调不同类型、不同性格的人员共同奋斗，缺乏合作精神是难以成功的。团队精神是微软用人的最基本原则。像 Wlin2000（视窗 2000）这样产品的研发，微软公司有超过 3000 名开发工程师和测试人员参与，写出了数千万行代码。如果没有高度统一的团队精神，这项浩大工程根本不可能完成。

美国 GE（通用电气公司）曾连续三年被美国《财富》杂志评为"最受大众推崇的企业"。这个"最受推崇的企业"招聘员工时一个重要的要求就是要"有团队精神，善于和同事团结合作。"GE认为，在现代企业里，靠单打独斗是不行的。团队精神是GE人不可缺少的精神，缺乏团队意识，不愿与别人合作，在现代企业中很难成功。

不止微软和GE重视团队合作，任何一家公司，在招聘员工时，都把能否"崇尚团队合作"当作一个重要的衡量指标。不能与同事友好合作，没有团队意识的人，即使有很好的能力，也难以把自己的优势在工作中淋漓尽致地发挥出来，也就不可能有"共赢"的结果，不可能有成功的基础。

没有合作精神的企业不可能成功，没有团队意识的员工也不可能受到企业的欢迎。因为企业比个人更明白个人能力的有限和团队力量的强大。

这个时代已经发展成为了一个合作的时代，社会的大梁不是靠某一个人能挑起的，凭某一个人的力量绝不可能改变和造福社会，即使他的本领再大，就算他是超人也不可能。融入社会，融入团体，把每个人的光和热全部汇聚，才是最大的力量，才能造福社会，改变社会，然后我们共同享受社会和平和美好。这就是我们所说合作共赢。在职场，一个人能够与多少人合作就能成就多大的事业，一家企业能与多少企业合作就能成就多大的平台。

一个互相信任的团队，一个互相扶持的团队，一个互相依赖的团队，对于一个企业而言，是关系兴衰存亡的关键因素，也是个人获得职业发展的决定因素。一双筷子轻轻被折断，十双筷子牢牢抱成团；一个巴掌拍不响，万人鼓掌声震天。从来没有全能的个人，最完美的只能是每一个人都充分合作的团队。

"合作""共赢"这样的词，在当今的国际社会和外交中已经屡见不鲜，它们已经成为人类谋求发展的共识。在事业的发展中，合作共赢就是成功的秘诀。

在一个高档小区里住着两个人，其中一个人姓钱，也非常有钱；另一个人姓王，是小区的保安。姓钱的人住在小区的别墅里，拥有上代人传下来的大笔财富，一直想做投资生意的他，试着做了几个小项目，却都落得个竹篮打水一场空。姓王的保安住在低矮的平房里，每天负责开启小区大门，给路过的人提供服务。他虽然穷却很有想法，一直相信自己会有一个光明的未来，可是由于他没有任何积蓄，一直没有把想法付诸实践。时间长了，这位保安渐渐地和姓钱的业主相识、熟悉。他们经常聊天，彼此有了好感。

小区里有个澡堂，因为没有生意，澡堂管理者贴出一个告示：本澡堂对外出租。告示贴了一个月却无人问津。因为这个小区是个别墅区，家家户户24小时供水，凉热俱全，澡堂生意的冷清也是理所当然。不久租金又降了，但还是无人问津。

有一天，两人又在一起聊天。保安说起澡堂出租的事情，表达了想承租的意思。姓钱的业主以为他被迷昏了头脑，因为早有人算过，租下这个澡堂是不可能盈利的。

保安把他的想法详细地向姓钱的业主说了一遍，还提交了一份详细的说明和计划书。姓钱的业主一看，立刻决定和保安一起做这个生意：开个股份公司，他投资，出资金，占股份的50%；保安负责管理，出智慧，占股份的另外50%。

于是王保安就出面租下澡堂，很快澡堂开始了装修工作，场面很大，正当大家都以为姓钱的业主做了亏本生意时，一块"动物浴场"的招牌挂了出来，蜂拥而来的顾客很快就挤破了门，因为这个别墅区里名狗、名猫、名鸟等各种宠物非常多，人们都懒得在家给它们洗澡，于是都把他们送到这里来了。

后来他们的"动物浴场"又发展为"动物美容院"，详细地分为猫部、狗部、鸟部三个洗浴美容厅和一个动物食品店，生意十分兴隆。王保安也不再做保安，成了总经理，他和姓钱的业主都从中赚到了钱。这个故事说明了有合作才有共赢的道理，若没有王保安的头脑，姓钱的业主不会赚到钱，但没有姓钱的业主投资，王保安也赚不到钱。

萧伯纳曾经说过"假如你有一个苹果，我有一个苹果，当我们交换之后每人仍然只有一个苹果；但是，如果你有一个思想，我有一个思想，当我们交换之后每人就不止一个思想了。"这就是共赢。

尺有所短，寸有所长。在这个竞争的社会里，什么人都不能忽视合作共赢，在企业中也是如此，要想干好一项工作，占主导地位的往往不是一个人的能力，而是人与人之间的团结协作配合，这样我们才能取长补短，获得共赢。

"一堆沙子是松散的，可是它和水泥、石子、水混合后，比花岗岩还坚韧""个人之于社会等于身体的细胞，要一个人身体健全，不用说必须每个细胞都健全""一朵鲜花打扮不出美丽的春天，一个人先进总是单枪匹马，众人先进才能移山填海"。这些充满智慧的箴言都说明了一个共同的道理：合作共赢才是成功的真谛！

2. 单兵作战是缺乏团队意识的表现

合作是成功的秘诀。善于与他人进行合作，让自己适应团队合作的工作模式，这才是在当今时代让自己在职场中更快脱颖而出的最好途径。离开了团队，缺乏团队意识，是不可能取得成功的。

团队，是指两个或两个以上志同道合、积极向上、相互信任又才能互补的人，在共同的愿景、共同的责任和共同的目标激励下共同努力的集体。团队不仅强调个人的工作成果，更强调团队的整体业绩。团队所依赖的不仅是集体讨论和决策，以及信息共享和标准强化，它强调通过成员的共同努力，能够得到实实在在的集体成果，这个集体成果超过成员个人业绩的总和，即团队大于各部分之和。团队能将所有单个人的力量集中到一起，发挥强于个人力量无数倍的能量，从而取得更大的成功。

自以为是的人，往往不易融入团队，因为他们自我感觉良好，不愿与别人合作。但如果他们总是这样一意孤行的话，不但会使自己孤立，也容易被倡导"团队精神"的现代社会所抛弃。

在一个花园里，美丽的红玫瑰引来了人们驻足观赏，红玫瑰为此感到十分骄傲。红玫瑰旁边一直蹲着一只青蛙，红玫瑰嫌青蛙跟自己的美丽不协调，强烈要求青蛙立即从自己身边走开。青蛙只好顺从地走开了。

没过多久，青蛙经过红玫瑰身边，它惊讶地发现红玫瑰已经凋谢了，叶子和花瓣都掉光了。

青蛙说："你看起来很不好，发生了什么事情？"

红玫瑰回答："自从你走后，虫子每天都在啃食我，我再也无法恢复往日的美丽了。"

青蛙说："当然了，我在这里的时候帮你把它们都吃掉，你才成了花园里最漂亮的花。"

有许多人都像红玫瑰一样自命清高，总认为别人对自己一点作用都没有。其实，我们每个人都有需要他人的地方。一个团队成员不应该只注意个人名下的辉煌业绩，更应该看到自己背后的团队成员。无法融入团队的员工不仅得不到同事的欢迎，也无法得到老板的青睐。

有一个刚毕业的女生参加麦肯锡公司的招聘。她的履历和表现都很突出，一路过关斩将，一直冲到最后一关。最后一关的题目是小组面试，这个女生伶牙俐齿、抢着发言。在她咄咄逼人的气势下，这个小组的其他成员几乎连说话的机会都没有。她认为自己在面试的时候表现很抢眼，被录取是十拿九稳的。然而，她落选了。麦肯锡公司的人力资源经理认为，这个女生尽管拥有很强的个人能力，但是很明显，她缺乏团队合作精神，招这样的人对公司的长远发展无益。

一个团队的成功来源于团队成员的团队意识和团队精神。团队精神强调团队内部各个成员为了团队的共同利益紧密协作，从而形成强大的凝聚力和整体战斗力，最终实现团队目标。

个人的力量再强大，如果不融入团队，不与他人合作，都会显得苍白无力。一个天才也不能凭一己之力成功，他同样需要他人的帮衬。不喜欢与他人合作，只喜欢独来独往；不喜欢取长补短，只喜欢单兵作战，这是缺乏团队意识的表现。这样的人，自以为是，骄傲自大，难以合作，也不可能成功，只会被团队抛弃。

张三在学校时是班上的优等生，各方面能力突出，因而自视甚高，瞧不起他人。在学校就以"卓尔不群"著名，大家对他都敬而远之。参加工作后，他还是这样，恃才傲物，个性强硬。刚开始还同大家一起合作，但他对于同事做得不好的地方尖锐批评，毫不留情，甚至还大放厥词，认为和能力差的人合作，还不如自己单独干干得更好。久而久之，就没有人愿意与他合作了。而且凡是需要跟他合作的工作，大家都远远避开，免得被他挖苦和羞辱。他也很快成了"孤家寡人"，没人愿帮他一起分担工作。几个很好的项目，由于需要团队合作，大家都不愿意与他一起，他没有进到任何一个项目组，只好做些服务于项目的基础性工作。这让张三很恼火，认为自己不受重视，被同事排挤，感觉英雄无用武之地，因此辞职而去。

但是，离开这家公司后，在其他公司同样如此，他为此深感懊恼。但是，他并不知道自己的失败在于自己的合作意识太差，没有与团队成员密切合作。

与张三相反，在大学时各方面成绩都不突出的李四参加工作后却如鱼得水，很快带出了自己的团队，而且成为团队的核心，拿下了好几个大项目，成为圈内的名人。他的秘诀恰恰就是善于合作，善于利用每一个人的优势，取长补短，在大家的成功中获得了自己的成功。

"千人同心，则得千人之力；万人异心，则无一人之用。"意思是说，如果一千个人同心同德，就可以发挥超过一千人的力量，可是，如果一万个人离心离德，恐怕连一个人的力量也比不上了。这就是团队的力量。一个人如果没有团队意识，只凭个人努力想做成一番事业是很难的。就像职场上有些人一样，他们明明很有才能，头脑清晰、知识丰富，但总是诸事不顺，职场受阻。不说成功，就连做好眼前的工作都大有难处，为什么？就是因为他们缺乏团队意识，一心只想做好自己的工作，当别人困难的时候他们视而不见，当别人需要帮助的时候他们怕耽误自己的时间，久而久之，成了职场上的被孤立者，任何时候都是单兵作战，无人帮助，自然成不了气候。每个人都渴望成功，每个人都希望自己能成就一番事业。但如果观念不改变，总是以一种单兵作战也能赢的心态立足于职场，必将被社会所淘汰。随着行业越来越细化，员工与员工之间、企业与企业之间除了竞争，更多的是合作。竞争场上没有共同的敌人，只有共同的利益，想实现人生理想，达到目标，就要提高团队意识，一改单兵作战的工作作风，与团队成员更好地合作，才能与他人共赢。

在一个团队当中，人人都需要集中全力使整个团队达到最好的状态，并且永久保持这种状态。如果没有团队成员的支持和帮助，个人的计划再详细，也难以圆满实现。所以，在不合作不成功的时代，合作是主旋律，是最重要的工作思维，一定要有合作的意识，要学会从"单兵作战"到"合作共赢"，赢得更多人的支持，才能使自己力量倍增，取得成功。

具有"单兵作战"思想的员工如何才能提高团队意识，与他人愉快合作呢？

（1）摒弃"个人英雄主义"

保罗·盖蒂曾经说过："我宁要一百个人的1%，不要自己的100%。"因为他知道，一个人的100%永远比不上100个人的1%。

我们所处的这个时代已经成为一个合作时代，一个团队时代。因而团队意识和合作精神成为现代人成功的重要法宝。要让自己很好地与团队融为一体，首先就一定要摒弃个人主义，抛开"独行侠"的思想，要和"狂妄""自视清高""刚愎自用"坚决作别，代之以"众人拾柴火焰高""众志成城""齐心协力"的团队意识。

有的员工尽管很优秀，但难免有一些"英雄主义"的倾向。虽然在很多关键时刻，"英雄主义"发挥着至关重要的作用，它可以使公司顺利渡过难关，可以激励全体员工士气，甚至可以从乱军之中取上将首级。但是单凭几个"英雄"仍然无法赢取整场战争的胜利，商业战争就像球场上的对决一般，足球运动靠的是全队的配合，大牌球星虽然可能帮助球队扭转战局，但是球场上最终能够取胜的往往是配合最好的球队。况且，"英雄主义"极易引发"个人主义"的不良作风，即不顾公司整体利益，只顾个人的功劳大小，无视他人的配合协作，一味地追求自我，瞧不起任何人，这种恶劣的风气一定不会走得长远。

当无视他人力量存在时，"英雄主义"是一件很可怕的事情，因为，从公司长远发展来看，"英雄主义"只能胜一时，团队的力量才会胜一世。所以，相信团队，依靠团队，不断打造团队的力量，才是最终胜利的法宝。

(2) 让自己的沟通更有效

表达与沟通能力在合作中占有很重要的地位。工作中无论你付出多少，任务完成得多么圆满，如果不会表达，不愿与他人分享，那就等于没有做。拥有智慧的人在沟通时总是会先肯定他人的成绩，赞赏他人值得敬佩的行为，对于不同的意见，他们不会固执己见，他们会立足于对方的立场来考虑问题，同时也会反省自己看问题的偏差，直至与他人意见达成一致。如果你是一名不善于沟通和表达的员工，那么，在工作中要抓住一切机会锻炼表达能力，积极表达自己对各种事物的看法和意见，并掌握与人交流和沟通的艺术，让每一次沟通都有效。

（3）培养自己的敬业精神

敬业精神就是在职业活动领域，树立主人翁责任感、事业心，追求崇高的职业理想；培养认真踏实、恪尽职守、精益求精的工作态度；力求干一行爱一行专一行，努力成为本行业的行家里手；摆脱单纯追求个人和小集团利益的狭隘眼界，具有积极向上的劳动态度和艰苦奋斗精神；保持高昂的工作热情和务实苦干精神，以正确的人生观和价值观指导和调控职业行为。几乎所有的团队都要求成员具有敬业精神，有了它我们才会把团队的事情当成是自己的事情来做，才会有强烈的责任心，发挥自己的聪明才智，为实现团队的目标而努力。有敬业精神的人时刻都会把自己的命运与团队命运联系在一起，明白"一荣俱荣，一损俱损"的道理。

（4）主动为团队服务

团队是一个集体，作为集体中的一员，我们要把团队的每一件事情当做自己的事情来做，为团队服务，为团队中的成员服务。渴望成功没错，但成功并不是等来的，要靠每一个人的努力来实现。被动地听从吩咐只能把事情做完，但不一定能做好。主动想团队所想，出现在任何团队需要的地方，帮助团队中需要帮助的伙伴，这才是服务精神，是团队需要的力量。

（5）宽容大度，懂得包容

团队的事业就是我们的事业，团队的成功就是我们的成功。当然团队的竞争也就是我们的竞争。在工作中每个人的能力并不一样，这需要我们以宽容的心来对待身边的同事。不要以自己的优势来压制别人的弱势，更不要因为别人不会而挤对别人。每个人都有长处有短处，看清自己的长处不为过，但以别人的短处来与自己的长处相比较，就是错误。也许在这方面你强于别人，但在另一方面，别人又会强于你。只有在合作过程中相互学习，相互包容，我们才能快速进步。不肯与别人商量、听不进他人意见的人往往团队意识淡薄。包容别人的短处甚至错误，是我们作为团队中管理者必须做到的，这样才利于团队协作。这就需要我们在日常生活中，培养良好的与人相处的心态，以宽容之心待人，以虚心学人。这不仅是培养

合作思维：从单兵作战到合作共赢的工作新逻辑

团队精神的需要，也是获得人生快乐的重要方面。一个人没有容人、容事、容物的气量，没有谅解、包容、忍耐的心境，是不可能在团队长久存在下去的。这世界上没有完美的东西，任何事物都需要用辩证的眼光去看待，同样没有任何一个团队能让所有人满意。而对于团队所有成员来讲，团队中有某些不尽如人意的地方，我们要去包容，去理解。

（6）顾全大局，不为小利计较

团队精神不反对个性张扬，但个性必须与团队的行动一致，要有整体意识、全局观念，考虑团队的需要。既然大家都在一个团队，同是为了一个目标而努力，我们就要相互理解、相互扶持。当一个人因为能力不够或者思维不全面犯错误时，我们该做的是及时纠正错误并帮助伙伴改正错误而不是在一边冷眼旁观，一副"事不关己，高高挂起"的模样。一个团队如果没有荣辱与共，同舟共济的精神，那么这个团队就会是一盘散沙，稍有困难就会分崩离析。有时候团体利益与个人利益会有小小的冲突，这时也需要我们顾全大局，以个人利益服从集体利益为宗旨，调整好自己的情绪，不为小事计较，相信团队胜利就是自己的胜利，没有团队利益，自己的利益也就成了空话。

强烈的团队意识会让我们将每个人的力量凝聚在一起，各用所长，各补所短，在最短的时间里，以最高的效率来完成任务，达到合作共赢的目标。如果大家都只为个人着想，自行其是，甚至搞"窝里斗"，那么我们的团队是没有生机可言的，是不可能有任何竞争力的。等待我们的也不是什么共赢，而是一败涂地。只有懂得团结合作的人，才能明白自己在团队的位置、团队对于自己的作用。团队合作是所有成功人的起点，无论你的能力强弱，也不管你的知识多少，融入团队与团队合作是至关重要的。聪明的人融入团队，孤傲的人被团队抛弃。在团队中你付出得越多，收获得就越多；你帮助别人越多，得到的帮助也越多。所以任何时候都不要单兵作战，那只会让你输得更快，败得更惨。

3. 没有完美的个人，只有完美的团队

在现代社会，有很多事情必须依靠团队里每一个成员相互协作、共同努力才能完成。取长补短、互通有无、合作共赢，才是这个时代成功的真谛。因为再弱小的个体，一旦通力合作，也会创造出惊人的奇迹。

美国合众国际社曾报道，2015年10月，美国南卡罗来纳州爆发一场洪灾，许多火蚁抱团形成"蚂蚁岛"漂浮在水面上躲避灾难。该州格林威尔市的一位摄影记者捕捉到了这样的画面。起初他以为这是漂浮在水面上的泥浆，但是很快他发现这一团东西竟是许多蚂蚁组成的小岛。当地居民报告称，他们在发生洪灾的区域也看到了相似的"蚂蚁岛"。

佐治亚理工学院的研究者们曾在2013年的一项研究中发现，火蚁们能够用他们的口、爪、腿上的吸附点牢牢地结合在一起，形成能够漂浮的结构。研究者们还表示，这样的"蚂蚁筏"足以抵挡波浪的冲击，而且其结构能够分裂重组成不同的形态，具有很强的生存能力。

如果一只蚂蚁，想要在这样的洪灾中生存下来完全是不可能的，但整个蚁群抱成一团，就可以生存下去。这就是团队的力量。所以，作为个体，一定要有团队意识，要懂得合作，要清楚合作的威力，那是个人的力量所远远无法企及的。

随着专业分工不断地细化，企业对每个人的专长要求会越来越突出，

但是在强化专业的同时，一些人其他方面的不足也会显现。作为同一个团队中的成员，我们唯有以宽容的心接纳别人，包容别人，才能与他人融洽相处。宽容不是纵容，善待不是视而不见。平等、平和地与他人交流和沟通，赞扬别人的长处，帮助别人的短处；学习别人的长处，不保留自己的长处；指出别人的错误，认真听取别人的批评……做好工作中的点点滴滴，我们的团队就是很好的团队。

好的团队里有铁的纪律。团队最大的特点就是相互协作。协作不是想做就做，不想做就不做，而是通过相互之间的交流与商量，把事情做到最好。工作过程中的纪律不是针对某一个人而制订的，而是大家都要遵守的。所以不管有什么理由，服从安排、遵守纪律是我们打造完美团队的前提。没有纪律的团队就像一群毫无目标的赶路人，最终会迷失在黑夜里。遵守纪律不是领导来强调需要怎样做，而是我们要养成自律的习惯，坚持原则，把每一项制度都落实到实际中去。机会永远偏爱坚持努力的人。一个好的团队，一群优秀的管理者，既要勇于面对竞争残酷的现实，同时又要抱着绝不动摇的坚定信念，不管遭遇多大的挫折和困难，都始终相信自己、团队和公司一定能坚持到最后。

好的团队值得信任和忠诚。一个团队由组成到瓦解大都是从相互缺乏信任开始的，从怀疑到争吵，从争吵到矛盾，从矛盾到各奔东西。以团结力量为核心，忠诚地对待工作，做好岗位工作，真诚地对待每一个同事，这才是一个坚不可摧的团队。比尔·盖茨指出：忠诚是员工一切美德之首。世间所有成功的组织，当他们在选择其组织用人的价值观的时候，无不以忠诚为核心品格。没有忠诚就没有战斗力。试想一个团队中大家都在打自己的小算盘，表面上团结一致，实际为了个人利益而不惜牺牲团队利益，那我们的团队还有什么力量？做到忠诚，首先还要信任身边的每一位同事。相信他的能力，也相信他对企业对团队的忠诚。只有这样大家才不会你猜忌我、我怀疑你，斗来斗去，失去团结。"信任"的意思，是团队成员之间的彼此绝对真诚，换句话说就是靠谱。做人靠谱，做事也靠谱，这才是职业化团队的常态。有人总在吐槽说"职场上充满尔虞我诈"，说这种话的人，起码是不信任别人的。

马云曾经说过这样的一句话："一个一流的创意三流的团队，我宁愿要一个一流的团队三流的创意。"个人的力量虽然薄弱了些，但是只要聚集这些薄弱的力量，让他们劲往一处使，其力量就不容小觑。当一个人的力量无法完成的任务交由团体时，会完成得足够好。因为团体力量永远都大于个人的力量。很多人以为只要肯努力，让自己力量变强就能独当一面，不需要别人的配合，也用不着他人帮助，自己的能力足够做出一番事业。其实这种想法可能做小事可行，但是想成大事是万万不能的。虽然能力强的人确实会得到企业的重用，但没有团队合作精神的人早晚会让自己的能力失去用武之地。企业考察一个员工的能力并不单指业务技能，同时还包括沟通能力、表达能力和合作能力，如果这些方面影响到团队的合作，那么企业宁愿失去你也要顾全自己的团队。

所以，不要总想着单兵作战，不要总以为自己无所不能。任何时候都要明白，个人再强大，也不可能超过团队，团队作战永远是制胜的法宝。

4. 优势互补，合作产生 1+1>2 的效果

为什么能力再怎么强的个人也比不上弱者组成的团队？其中一个重要的原因就是合作能取长补短，能弥合短板，消除弱点，让力量成倍增长，达到 1+1>2 的效果。因为世间没有全能的个人，再强大的个人也会有弱点，会有短板，会有精疲力尽、力所难支的时候。个体再强大，也终归是有弱点的，但是如果大家合作，取长补短，优势互补，马上就会有意想不到的效果，能完成个体绝不可能完成的任务，创造个体所不能创造的成绩，产生 1+1>2 的效果。

合作思维：从单兵作战到合作共赢的工作新逻辑

> 小猴和小鹿在河边散步，看到河对岸有一棵结满果实的桃树。
>
> 小猴说："我先看到桃树的，桃子应该归我。"说着就要过河，但小猴个矮，走到河中间，被水冲到下游的礁石上去了。小鹿说："是我先看到的，应该归我。"说着就过河去了。小鹿到了桃树下，不会爬树，怎么也够不着桃子，只得回来了。
>
> 这时身边的柳树对小鹿和小猴说："你们要团结起来才能吃到桃子。"
>
> 于是，小鹿背着小猴过了河，来到桃树下。小猴爬上桃树，摘了许多桃子，自己一半，分给小鹿一半。他俩吃得饱饱的，高高兴兴地回家了。
>
> 小猴与小鹿，就其个体而言，尽管都有自己的特长，但如果"单枪匹马"是摘不到桃子的。然而，一旦它们团结起来，就出现了取长补短的奇迹——轻而易举地摘到了桃子。

动物之间合作的例子还有很多。

> 蜜獾和导蜜鸟是一对好伙伴，它们常常相互合作，共同捣毁蜂巢。野蜂常把巢筑在高高的树上，蜜獾不容易找到它。目光敏锐的导蜜鸟发现了树上的蜂巢后，便去寻找蜜獾。为了引起蜜獾的注意，导蜜鸟往往扇动着翅膀，做出特殊的动作，并发出"嗒嗒"的声音，蜜獾得到信号，便匆匆赶来，爬上树去，咬碎蜂巢，赶走野蜂，吃掉蜂蜜。导蜜鸟站在一旁，等蜜獾美餐一顿后，再去独自享用蜂房里的蜂蜡。
>
> 鳄鱼和千鸟的互惠互利更为有趣。千鸟不但在凶猛的鳄鱼身上寻找小虫吃，还进入鳄鱼的口腔中，啄食残留的鱼、蚌、蛙的肉屑和寄生在里面的水蛭，帮助鳄鱼清洁口腔。有时鳄鱼把大口一闭，千鸟就被关在里边。然而你不必为千鸟担心，只要千鸟轻

轻用喙击打鳄鱼的上下腭，鳄鱼就会张开大嘴，让千鸟飞出来。

可见良好的合作都可以产生 1+1>2 的倍增效果。人类合作产生的威力更是绝无仅有。就拿举世瞩目的诺贝尔奖来说，大多数都是因合作获得的。单独得奖的并不太多。据统计，诺贝尔获奖项目中，因协作获奖的占三分之二以上。在诺贝尔奖设立的前 25 年，合作奖占 41%，而现在则跃居 80%。

之所以 1+1>2，关键就在于合作可以优势互补。合作者都各有所长，优势互补最大的好处就是把个人的短处避开，只发扬长处，让长处更具优势，让短处不会产生影响。我们不能要求每一个人掌握每一种技能，也不可能要求每一个人把每一件事都想周全。要在工作中无纰漏，做到完美，就只能依靠团队，整合资源。建立一个团队不是说让所有人的都变成同一类人，整齐划一，具有相同的技能、相同的想法和相同的做事风格，与其让大家做这种变化，还不如多做几个机器人来得快。之所以组建团队，是要让大家把想法拿出来一起商量，把各自的技能在不同的岗位上做出最大的发挥，然后向同一个目标一起努力。一个人的思维肯定赶不上两个人；三个人的思维方式，三个人考虑问题的角度一定会比一个人周全。当一个具有某种技能的人进入一个集体的时候，他与集体形成的合力也一定会大于个体所创造的价值。这就是合作所能产生的 1+1>2 的效果。

1+1=2，这是数学公式，1+1>2，这是团队合作的力量。在工作中，如果我们能够团结合作，一定能收获 1+1>2 的快乐！当今社会，已不是单打独斗的年代，很多事情都需要团结合作。

置身职场，就处处离不开团队之间的合作。无论是团队领导者还是团队成员之间，团结互助、优势互补才能发挥更大的作用。任何人脱离了团队协作都将会使工作进展困难，甚至使工作以失败而告终。一个人无论是经营一家公司，还是在日常的人际交往中，承认每个人的价值，不把希望寄托给其中的某些个超人，团结大家的力量才能释放更大的能量。个人的力量再强大，也是有限的，要想在事业中有一番成就，实现自己伟大的理想，除了与他人合作，别无办法。成功的合作往往是 1+1>2 的。一个人做一件事情与两个或两个以上的人做一件事情，结果是完全不相同的。当一个团体为一件事情而共同努力的时候，当中会有能力互补、互相督促、互相监督等作用，同时为了合作成功，人们大多会克服自己一些坏习惯，严格要求自己，与他人和平共处，这就多了自律，多了自信，也多了成功。

在团队合作中，每一个成员贡献的是个人力量，展现的却是整个团队的风采。团队具有竞争力是因为每个人都将自己的优势发挥出来，再将自己的弱势从他人身上得到补充，从而增添能量。团队合作成功需要我们具有完美的执行力。执行力是服从、忠诚、负责和付出精神的总和。当我们把团队的事业当成自己的事业来做的时候，我们就会拥有强大的执行力，因为这是我们自己的目标，是自己的理想，当然要付出、要负责、要忠诚。就像一个双目失明的人与一个腿有残疾的人共同过街一样，单靠自己的力量不行，但两个人同时为了这个目标而联手，显然就绰绰有余了。各尽其能，发挥优势，相互补充，就会产生 1＋1＞2 的效果这就是合作的真谛。

5. 融入团体，大力发扬集体主义精神

明白了合作的重要性，懂得了合作的威力，就会主动自觉地与大家合作。这就需要每一个人都融入团队里去，以团队为重，以集体为先，发扬集体主义精神，为团队这个集体作出自己应有的努力，从而使合作更加高效。

集体主义，是主张个人从属于社会，个人利益应当服从集体、民族和国家利益的一种思想理论，是一种精神，最高标准是一切言论和行动符合

人民群众的集体利益。团队中的集体主义精神是指员工热爱企业，爱岗敬业的实践行为。一个企业是一个团体，企业生存发展的成败，在于员工的团队意识和集体主义精神。

> 迈克尔·乔丹，这位篮球史上最伟大的球星，一直坚守团结合作的职业精神，在每一场比赛中都和队友们倾力合作，团结一致地去争取胜利。他从来没有认为自己有多了不起，而是把成绩归功于团队。因为这样他们团队里的皮蓬等一大批NBA巨星才甘于充当配角，紧密地团结在他周围，为公牛队取得一个又一个冠军。
>
> 迈克尔·乔丹在结束自己的篮球生涯时说："在别人看来，我站在篮球世界的顶端，每当听到这样的赞美，我都感到惶恐。我取得的所有成绩都是和队友们以及教练一起努力的结果，还有赞助商和支持、鼓励我们的球迷们，荣誉属于你们每一个人，我只是幸运地作为代表，一次次地领取奖杯。"

这就是集体主义思想，是一切以集体为先的思想。对于一个团队而言，如果团队成员只考虑自己的工作，而不去关心别人，就很可能会出现问题。特别是对于流水线生产，每一道工序的员工都是彼此联系在一起的，彼此之间必须有着高度的协作精神，这样才能生产出高质量的产品。如果一道工序出现了问题，就有可能导致整个流水线出现问题，对于一个企业而言，这样的损失肯定是巨大的。

公司就是一个团体，团体的发展靠每一个人的力量。彼此协作，是生存的根本，是现代职场的准则。无论是对于个人还是团队，忽视协作的价值，缺乏协作精神，不管集体，只管自己，都无异于自断根脉。所以，聪明的员工一定是一个具有合作团结精神的员工。

有的员工能力很强，却自私自利，只想着自己的利益，全然不顾团队和集体，这对于团队合作来说，也是极为不利的。

有一位能力很强的员工,在一次与客户的谈判中表现突出,为公司创造了良好的效益,并受到总经理的高度赞扬。这次谈判使他感觉自己能力超群,总经理的赞扬使他觉得自己对企业的贡献最大,因而在利益分配时也毫不谦逊,一分不让。特别是他所在的项目部在拟定要留一部分的资金为下一步工作奠定基础,为此要削减一部分个人利益时,他更是坚决反对,认为这是企业的事情,与他没有关系,他的奖金是必需的,不能少的,因为这是他的劳动所得。总经理没说什么,把他的奖金一分不少全发给了他。但是不久之后,就解聘了他。

大家都觉得很可惜,毕竟要找到这么出众的人才并不容易。但是总经理说:"与能力无关。过于自私的人对于团队集体来说,并不是好事。如果非要选择,我宁愿选择有集体意识、愿意为集体考虑的平凡人,也不愿意选择只顾自己、不顾集体的能人!"

一个把利益看得比什么都重要的人,哪怕能力再强,也不会是一名优秀的合作者。迟早会被团队所抛弃。一个人的工作态度远胜于工作能力。工作能力差一点可以在学习中不断提升,但工作态度和观念不改变,永远不会有成功的一天。不顾集体利益可以表现在很多方面。比如浪费企业资源、为个人小利而与领导大争大吵、稍有不满意就不顾公司损失开始跳槽等行为,都是不顾集体利益的行为。不愿为团队作出牺牲,不为集体利益考虑,无法融入团队,不愿与团队中的伙伴们合作,何来的集体主义精神?何来奉献精神?时代决定了一个人单兵作战注定失败的格局,我们如果不去适应社会,不去真诚地与他人合作,就不可能有成功的一天。远离单兵作战的旧观念,让自己快速融入团队,发扬集体主义精神,甘于为企业、为团队奉献,并享受这个过程,成功就会向我们招手。

6. 同心同德，创造团队合作的成功奇迹

团队成功的核心，是团队里的每一个人都心甘情愿为了共同的目标，同心同德、通力合作。

为什么很多团队合作不成功？就是因为合作时大家没有拿出诚意，没有心往一处想，力往一处使，大家各自为政，合力不够。

中国有句俗话：人心齐，泰山移。意思是只要人们心向一处，共同努力，就能发挥出移山填海的巨大力量，克服任何困难。这其实也是团队建设的核心所在。人在一起不是团队，最多算是聚会，如果大家不同心，连聚会都算不上，只不过是擦身而过的偶遇，因为这样的团队没有半点凝聚力，做不成一件事。只有心在一起，才能称为团队。因为这样的团队才能克服困难，移走泰山。心不在一起，目标不一致，即便每一个人都倾尽全力，也做不出什么成绩。

有一则寓言故事，说的是天鹅、梭子鱼和虾在河岸边发现一辆装满宝贝的车，就商量着要把这辆车弄走。于是大家一起套上车拼尽全力开始拉，但是，车子怎么也不动。因为天鹅拼着命在往天上拉，虾却一个劲地往泥里钻，鱼使劲地往水里游，最后这辆车谁也拉不走。

为什么车子拉不走？不是他们三位没有努力，而是他们的心不在一起，没有共同的目标，心不往一处想，再怎么使劲，劲也不会往一处使，拼了命地使劲又能如何？人心齐，才能泰山移。人心不齐，只能是一盘散沙，别说泰山，什么也不能移。

"人心齐"的内核就是心往一处想,劲往一处使。一根筷子容易折,十根筷子折不断。靠的是什么?靠的就是团结,靠的就是心在一起,目标一致,团队成员内心深处的一种共同目标和愿景。大家协同配合,每一个人都向着同样的目标和方向努力,团队才可能爆发出惊人的能量,做出真正的成绩。

某家新创业的小公司,人员不多,地方不大,资本也不雄厚,却能在两年之内立足下来,并创下良好的口碑,以质量、信誉和服务赢得市场的认可,很快实现赢利。

这一切的成绩来源都离不开公司各个部门之间的有力配合,共同协作。工厂、实验室内拥有一批经验丰富的骨干力量服务在第一线,保证产品质量及品种上的提高和创新,严把质量关;办公室内也有一批批的业务精英、后勤保障坚守在营销的第一线,保证市场不断开拓延伸。公司各个部门除了拥有自己高标准、严要求的考核,也有与其他部门之间相互监督、配合的制度,大家是一个整体,不可分割。除此之外,公司定期举行内部员工之间的客户盘点分享会、产品知识学习交流会等,加深各个部门之间的交流与业务提升。其中尤其以物流部门、业务部门交流为主。一切工作、活动的出发点是为了客户的需求,目的也是为了更好地服务客户,大家拧成一股绳,朝着一个方向努力,才能有这样的成绩。

人心齐,意味着团队内部的有效搭配和有机整合,意味着 1+1>2 的协同效应。一个团队并非每一个个人的简单叠加,现代社会分工越来越精细化和专业化,单个人无法包揽一切,只有协作才能创造更大的系统能量和价值量。在没有统一的方向、不重视整体搭配的团体中,个人的力量、个人的智慧往往会被冲抵、被销蚀、被浪费,再聪明的个人、再大的努力都不能有效地转化为集体的力量。没有统一方向的团队,只是一个内耗的群体,"三面拉车拉不动""三个和尚没水吃"就会是团队的常态。只有克服团体障碍，拆除个人与个人、个人与团队之间的隐形墙，让每一个团队成员的力量如四处流淌的涓涓溪流，汇成滚滚洪流，爆发出排山倒海似的巨大能量，兼收并蓄，集腋成裘，不断提高整体搭配能力，最大限度地统一到同一个大方向下，将个体之间的力量抵消、浪费减至最小，才能形成合力，创造出可观的效益。

所以，作为团队里的每一个人，都要把心放在团队，与大家一起，眼睛看向一个方向，步伐对准一个目标，心往一处想，劲往一处使，同心同德，共同努力，以自己的力量为团队增力，从而创造出工作的奇迹。

第二章

平等待人，带着尊重与信任参与合作

　　团队合作是建立在友好、平等、和谐的基础之上的。每个人都渴望被尊重，每个人都有被尊重的权利。不平等的合作是难以长久的，也是不会成功的。要使团队有合力，创造工作的奇迹，就必须把尊重和信任作为前提。

合作思维：从单兵作战到合作共赢的工作新逻辑

1. 平等友善是友好合作的基础

合作，首先要平等。只有在一种平等、友好的基础上，才有可能袒露真心，友好合作。如果没有平等作为前提，一方高高在上，一方俯身相就，那不叫合作，也不可能达成合作。因为真正的合作必须建立在平等的基础之上。有人总结了团队合作的八大原则，第一条就是平等。

(1) 平等原则

1+1>2，一个人办不到的事，靠团队来完成，为了达成某种目的，分工合作。团队合作首先要平等友善，相互尊重，这样才能营造和谐友善的合作氛围，使合作进行下去。

(2) 诚信原则

团队合作，诚意当先，以诚相待。不要去管你的伙伴怎么对你！自己先真诚对待合作伙伴！

(3) 公平原则

团队合作当中，要秉持公平公正原则，对事不对人，一切以团队利益为大，在规矩和原则面前，一视同仁。

(4) 信任原则

团队合作最忌讳相互猜疑，不管任何时候要相互信任。求大同，存小异！小事随它去，大事不糊涂，看准共同的目标价值，把握大局观。

(5) 宽容原则

彼此之间的宽容理解才能使团队走得更长远。不要怕吃亏，也不必太计较，豁达大度，相互理解，才是合作之道。己所不欲，勿施于人，把合作团队一直当真心朋友相处，不要把金钱当做合作关系的纽带。

（6）谦虚原则

不管你的能力多强、多有本事，要和他人合作就要放下架子，谦虚低调一些，多看别人优点，少看别人缺点，相互学习，共同提高。切忌自傲狂妄，目中无人。

（7）沟通原则

团队伙伴之间要经常沟通、充分沟通，使所有的想法、意见及点子都得到大家的充分理解，从而使大家心往一处想，劲往一处使，增强团队合力。

（8）支持原则

互相支持，互相帮衬，任何时候都做团队伙伴的坚强后盾，让自己与团队成为一个整体，从而放开手脚去战斗。

这八条团队合作的原则，其实大部分都在讲平等和友善，因为平等友善对于合作来说是相当重要的。

人和人之间的平等，不是指人之差异所致的"相等"或"平均"，而是在精神上互相理解、互相尊重的不区别对待的平等。友善和平等都是指在与他人相处时的一种态度。平等是我们每个人所追求的精神上的满足。想要获得平等，就要先对他人尊重。我们在要求别人对我们公平的同时，也要公平地对待他人。不管是资深的老员工还是新进企业的新员工，不论他的专业技术是一流还是三流，在合作时，我们都要以平等的态度来对待他们。切不能因为别人在某一方面的能力稍微欠缺就开始嫌弃别人，贬低别人，甚至排挤别人。一个团队中每个人都会有他的优势存在。比如领导者会有他特别的一套管理方法，但是对于业务技能他可能没有那么强，而某个员工业务技能非常强，但是脾气却不怎么好；此外还有特别上进，工作认真但是基础水平却一般的人……各有千秋。我们不可能要求大家一致做到某一个点上，但是我们可以在相处时友善、平等。

大多数人都喜欢能力强、办事效率高的人。这样的人固然值得我们敬佩与学习，但是我们的合作伙伴中还有一类人，他们沟通能力不强，办事效率不是特别高，但做人诚恳，做事踏实。这种人也就是我们平常所说的"老实人"。他们任劳任怨，不计较获得与付出的比例是高还是低，不管别人努力还是没有努力，就像唐僧队伍中的沙僧一样，只管吃苦耐劳，不问公平与否。面对这种同事，有的人会觉得他们"好说话""好欺负"，只要不是很明显的不公平，他们不会出声，更不会抗议。事实上往往也是这样，"老实人"不会计较别人对他的态度，也不会太计较不平等，但是他们心中明白，自己因为能力有限，受到了排挤，他们只是不说、不争。人一旦有了心理阴影，工作的积极性和对他人的信任度就会减少，对将来的自信也会慢慢丢失。受到不公平的待遇的人也许一次两次不会有什么异常行为，但如果长时间有被忽略的感受，总有一刻他会奋起反抗。失去了平等和友善，人与人之间人情淡漠、相互不会有关爱、不会有理解、不会有帮助，合作还有什么意义？

所以，团队合作一定要以平等友善为基础，锻造和谐融洽的合作氛围。一个团队中只有能力大小之分，没有人格高低之分。从来没有哪个公司领导会让有能力的人坐着办公，而能力弱的人站着办公。也从来没有哪个领导公开表示，他的团队中人格是不平等的。所以以不平等的态度来对待伙伴绝对是一种错误的行为、失败的行为。不管他的作用多大，只要进得团队，就说明一定会有他的用武之地，那么我们就要以友善的态度来公平对待他，这样大家才能团结共处，共谋大业。那种总是高高在上、自以为比别人高尚一等、瞧不起同事、看不上伙伴的人，是不能够合作的。

人和人的平等并不在于拿同样的工资，挣同样的家产，而是在精神上被人认可，得到别人同样的尊重。这是团队合作的重要原则之一。

在一个团队里，平等并不是说人人都做一样的工作，拿同样的薪水，而是各尽其能、各负其责，各自在各自的岗位上为团队做贡献，从而使团队能充分发挥每一个人的力量，使团队得到大的发展。

2. 没有尊重，就没有团队协作

尊重他人是一种美德，是具有良好道德修养的表现，也是合作的前提之一。尊重与职位的高低、学历的高低和资历的深浅都没有关系，尊重他人是与他人交往时一种平等的态度。平等礼貌对待他人，是我们作为团体中的一员必须做到的。

团队由无数名成员组成，存在不同的差异，但从人格上来讲，相互之间是平等的，没有高低贵贱之分。每一个团队的成员首先是一个追求自我发展和希望实现理想目标的个体，然后才是团队的一员。每个人的生长环境不同，接受的教育方式不同，生活习惯不同，能力大小不同，但有一点是相同的，那就是渴望得到尊重。希望得到尊重是每个社会人的共同需求。尊重他人包括尊重他人的兴趣爱好、尊重他人的生活习惯、尊重他人的权利和义务、尊重他人的观念和处事方式……尊重是团队协作的前提，没有人愿意在人格被贬低的情况下还与你合作。百分百地尊重他人，别人才愿意尊重你，愿意与你合作，从这点上来说，尊重他人其实也就是尊重自己。

每个人都有自尊心，受尊重是人的需求，任何人都不希望别人轻看自己。团队中上下级之间、同事之间都是一样的，希望受到对方的尊敬和重视。相互尊重能为团队营造出和谐的气氛，使团队资源实现最大程度的共享。真正的尊重是一种平等，不仰望不俯瞰，不卑不亢。不因为对方是上司就格外巴结，也不因为对方是自己的下属就居高临下、盛气凌人。不要因为看不惯别人的行为而对别人视而不见，更不要因为别人能力比自己强而心生妒忌去中伤别人。团队中，每个成员都希望获得其他成员的认可、尊重，希望自己受到礼遇。你自己也是。所以先从自己尊重别人做起，尊重别人，别人自然就会尊重你。层次越高的人，越明白尊重意味着平等、价值、人格和修养。而层次低的人，往往自私、目光短浅，自以为是地站在道德制高点去指责别人。

一家生意红火的蛋糕店门前站着一位衣衫褴褛身上散发着难闻气味的乞讨者。旁边的客人都皱眉掩鼻，露出嫌恶的神色来。伙计喊着："一边去，快走吧。"乞讨者却拿出几张脏乎乎的小面额钞票小声地说："我来买蛋糕，最小的那种。"

店老板走过来，热情地从柜子里取出一个小而精致的蛋糕递给乞讨者，并深深地向他鞠了一躬，说："多谢关照，欢迎再次光临！"乞讨者受宠若惊般离开，要知道他从来没有受过如此礼遇。

店老板的孙子不解，问道："爷爷，你为什么对乞讨者如此热情？"

店老板解释说："虽然他是乞丐，却也是顾客呀。他为了吃到我们的蛋糕，不惜花去在很长时间里讨得的一点点钱，实在是难得，我不亲自为他服务怎么对得起他的这份厚爱？"

孙子又问："既然如此，为什么要收他的钱呢？"

店老板说："他今天是客人不是来讨饭的，我们当然要尊重他。如果我不收他的钱，岂不是对他的侮辱？我们一定要记住，要尊重我们的每一个顾客，哪怕他是一个乞讨者；因为我们的一切都是顾客给予的。"小孩若有所思地点点头。

这个店老板就是日本大企业家堤义明的爷爷。堤义明坦言，当年爷爷对乞讨者的一举一动深深地印在了他的脑海里，他后来曾多次在会上讲到这个故事，要求员工也要像他爷爷尊重那位乞讨者那样尊重每一个顾客。

尊重可以体现在任何场合任何人身上，哪怕是一个乞讨者，我们同样可以给予他足够的尊重。尊重不同于社交场上的礼貌，尊重是来自内心对人的关爱与敬重。与职业、金钱和地位都毫无关系。我们的合作伙伴是我们的同事、朋友也是搭档。尊重他们，我们的协作就会事半功倍。失去尊重，不仅会影响工作，也会影响团队的生存。

在团队协作过程中尊重他人体现在哪些方面呢？

(1) 尊重他人的职位与职权

如果对方是你的上司，不用怀疑，他有绝对的权威。尽管在业务上他可能不如你，但你必须尊重他。在他做出某种决策时，你唯有执行才显尊重。尊重职权并不是要你去讨好你的上司，也不是要对他言听计从。可以提出合理化建议，也可以与他商量计策，但一旦有决定，你只有服从和执行，这是尊重的表现。任何挑战权威的行为都是对上司的不尊重。

(2) 尊重他人的习惯

同在一个办公室或者一个工作空间，总有那么几个人是你看不惯的。比如整天叼着烟的、比如出口就吹牛的、比如做事拖拉的等。看不惯很正常，但并不意味着你可以不尊重别人，可以出口伤人或者诋毁别人。尊重别人，别人也会尊重你。你有看不惯别人的地方，别人同样有看不惯你的地方。相互之间多包容，多提建议，才能和平共处，才能更好地合作。

(3) 尊重对方的名誉与形象

一个人的名誉与形象很重要。所以不要认为对方的职位比你低，你就可以不尊重别人的名誉与形象。比如拿别人的名誉来调侃，拿对方的形象作为笑话说给别人听，这都是极为不尊重对方的表现。每个人的品位不一样，也许他喜欢的正是你看不上的，没关系，别人喜欢是别人的事，你保持沉默就好。千万不要认为别人没品位，更不要拿这些事来伤害别人。我们没有理由让别人都成为与自己一样品位一样爱好的人，也不能保证自己的形象在别人眼中就是完美的，所以尊重别人就是尊重自己，笑话别人其实就是损害自己的形象。

(4) 尊重彼此之间的差距

一个团队由无数名员工组成。各人有各人的特点，各人有各人的处世方式，能力也各不相同。不要因为别人能力弱就瞧不起别人，不要因为别人来自小地方就认为别人没有用，同时也不要因为有人比你强就耿耿于怀，不积极配合别人的工作。你的能力不足以把整个事情做完，别人的能力也不足以把事情做好，所有人加起来才能达到最佳状态。所以，尊重别人，尊重相互之间的差距，让协作更有效才是我们正确的做法。

　　人与人之间没有贵贱之分，行业与行业之间没有高低之分，都是平等的。尊重他人才会得到别人的尊重。一个人是否尊重他人的表现并不在于他对待上司、朋友和同事的态度上，而是看他对于比自己身份地位低的人的态度。所有人都不可能尽善尽美，没有理由以高高在上的目光去审视别人，也没有资格去伤害别人的自尊，假如自己某些方面不如别人，我们也不必以自卑或嫉妒去代替应有的自尊。

3. 诚实守信，做个出色的合作搭档

　　"人无忠信，不可立于世""祸莫大于无信""没有诚实何来尊严""诚实是人生的命脉，是一切价值的根基""失去了诚信，就等同于敌人毁灭了自己"。无数关于诚信的名言告诉我们——做人不能失去诚信。诚信相当于一个人的一张名片，是立身之本，是处世之道，体现的是高尚的人格魅力，当然更是合作的重要前提。

　　诚实，即忠诚老实，就是忠于事物的本来面貌，不隐瞒自己的真实思想，不掩饰自己的真实感情，不说谎，不作假，不为不可告人的目的而欺瞒别人。守信，就是讲信用，讲信誉，信守承诺，忠实于自己承担的义务，答应了别人的事一定要去做。忠诚地履行自己承担的义务是每一个现代公民应有的职业品质。对人以诚信，人不欺我；对事以诚信，事无不

成。从人际关系来看，"诚实守信"是人和人在社会交往中最根本的道德规范，也是一个人最主要的道德品质，人们在交往中，相互信任是相处的基础，其关键就在于"诚实守信"。

在团队中，相互合作，一个人是否具有诚信的品德至关重要，它关系到合作能否顺利开展，关系到工作是否会有理想的结果，关系到一个人在团队中能有多大作为。有诚信的人无论走到哪里都会受欢迎，人们都愿意与他合作。作为合作团队中的一员，我们要做到哪些才能成为一名诚实守信的好搭档，让他人信任且愿意真诚合作呢？

诚实守信的人大多是以做事为主，而没有诚信的人大多是说空话，轻易承诺过后不认账；诚信的人会坚持实事求是的办事风格，脚踏实地一步一个脚印地把事情做好。没有诚信的人总是投机取巧，办事马马虎虎，以完成任务为目的，至于做得好不好与他无关；诚信的人往往可以得到意想不到的收获，他们遵守诺言，说出来的话一定会兑现，明白错了就是错了，不推脱责任，懂得担当后果；没有诚信的人总是在期望过后失望，总是责备他人没有为自己着想，其实他们只是要求别人做些什么，而自己从来都是只为自己着想。

作为团队领头人，必须首先相信你的队员。相信他们的忠诚，相信他们的能力。唯有信任才会给下属带来自信，让他们敢于放手去做自己想做的事情、敢于谏言并为之负责。同时作为团队的带头人，要做到以身作则，凡事严格要求自己，承诺下属的事情不管多难都要兑现，实在不能兑现的一定要实事求是地为员工解释清楚，以获得员工谅解。轻易承诺是不合适的，在员工眼中，上司的承诺就是铁的事实，所以允诺他人一定要慎行。

如果你是下属，第一应该具备的就是敬业精神。立足于本职工作，凡事做到精益求精，切不可弄虚作假，偷奸耍滑，欺骗上司。对于上司所要求的事情，一定要按时高效地去完成。对于不能完成的事情不要因为争功而揽入怀中，到时候不仅完不成任务要受罚、项目进度会耽误，上司也会因为你说话不算话而对你有了不好的印象。除了完成本岗位任务，还要尽

合作思维： 从单兵作战到合作共赢的工作新逻辑

可能地帮助他人包括上司，替他们分忧，让上司确定你是个"靠得住"的人。

如果是同事之间，我们要以诚相待，拿出自己的真心和热情，不猜疑，不妒忌。同事需要帮助的时候伸出手扶一把，答应同事的事情按时办到。不吹嘘，不作假，是一说一是二说二，不夸大事实，工作出现问题时不把责任往同事身上推。视同事的困难为自己的困难尽力去帮助；当自己遇到困难的时候不要因为怕麻烦别人而不愿开口，相互帮助，彼此信任才能成为更好的搭档。对于同事之间有些合不来的，不要因为性格不合就不与他配合工作，合作是我们走到一起的原因，没有合作，我们的团队也就没有存在的意义。所以不管对于同事的看法如何，我们都要抛开私人感情，一切为团队着想，公私分明，让合作达成。人都是有感情的，当你完全信任他的时候，他也一定会以诚相待，同事间的关系会逐渐融洽。

在团队中具有诚信品质的人，是上司器重的下属，是同事们信任的搭档，具有诚信的品质，工作总是比他人顺利几分。因为走到哪儿，别人都愿意与他合作，都愿意给他提供帮助。

诚信不是口号，也不是某一件事情就能说明的。作为员工，作为合作伙伴，诚信表现在点点滴滴的小事上，表现在我们对人对事的态度上。比如约了客户见面，我们要做到守时，不让客户一直等，这是诚信；比如工作我们要认真，做到精益求精，而不是投机取巧，打马虎眼，以次充好，不为了个人利益而走捷径，图安逸，这是诚信；当个人利益与团队利益有冲突时，放下个人利益，以团队利益为重，以他人利益为重，站在大多数人的角度考虑问题，这是诚信；在特殊岗位上不拿岗位职权做交易，不做有损于团队的事情，不做损害他人利益的事情，不中伤他人，不打小算盘，这也是诚信。

良好的信誉能给自己的生活和事业带来意想不到的好处。诚实守信是形成强大亲和力的基础——诚实守信会使人产生与你交往的愿望，在某种程度上，会消除不利因素带来的障碍，使困境变为坦途。在团队中与同事合作，我们需要的正是这种亲和力，它让同事之间少了猜疑多了信任。一个"言必信，行必果"的人，一定是有诚信和威信之人，无论他走到哪里都会受人欢迎和尊敬。诚信不仅是一种个人的美德和品质，也是一种社会道德规范；不仅是一种内在的精神和价值，也是一种外在的声誉和资源。诚信是道义的化身，同时也是一个人成功的保证。做到诚实守信，你就是团队中的那个最佳搭档。

4. 信任你的伙伴，避免"囚徒困境"

信任是架设在人心的桥梁，是沟通人心的纽带，合作之本在于"信任"。一个团队中如果缺失了起码的信任，合作必然不会成功。因为团队是为了相同的目标而组成的集体，如果大家互相没有信任，就会有猜疑，就会各怀心事，心就不在一处，力也难以整合，团队的合作就会成为空话。更可怕的是，因为不信任，会导致同伴之间的互相猜疑，陷入"囚徒困境"，以至于互相攻击，导致团队的彻底覆灭。

"囚徒困境"是1950年美国兰德公司的梅里尔·弗勒德和梅尔文·德雷希尔拟定出的博弈论模型，后来由顾问艾伯特·塔克以囚徒方式阐述，并命名为"囚徒困境"。其内容是：两个共谋犯罪的人被关入监狱，不能互相沟通情况。如果两个人都不揭发对方，则由于证据不确定，每个人都坐牢一年；若一人揭发，而另一人沉默，则揭发者因为立功而立即获释，沉默者因不合作而入狱十年；若互相揭发，则因证据确实，二者都判刑八年。由于囚徒无法信任对方，因此倾向于互相揭发，而不是同守沉默。最终导致纳什均衡仅落在非合作点上的博弈模型。

合作思维：从单兵作战到合作共赢的工作新逻辑

囚徒困境所反映出的深刻问题是，人类的个人理性有时能导致集体的非理性——聪明的人类会因自己的聪明而作茧自缚，或者损害集体的利益。

很显然，要破除"囚徒困境"，唯一的办法就是信任，相互信任可以完美地终结困境，并且会因合作而带来更美好的结果。

其实，信任是一种无形的美德，也是一种高尚的情感，更是一种连接人与人之间情感的纽带。在日常生活的交往中，信任也是人与人之间和睦相处的基础，是增进感情的基本要素。特别是对于有共同目标的团队，相互之间的信任更为重要而且关键。

信任和善良是人与人之间真诚相处的基础。信任能拉近人与人之间的距离，信任能让人与人之间少了猜疑和不满，有了信任，就会真诚相待，有了信任，才能尊重和包容。对于团队中的合作伙伴，任何时候我们都要给予十足的信任，这样别人才能给予我们同样的信任，才能在合作路上风雨同舟。

一艘货轮在烟波浩渺的大西洋上行使。一个在船尾搞勤杂的黑人小孩不慎掉进了波涛滚滚的大西洋。孩子大喊救命，无奈风大浪急，船上的人谁也没有听见，他眼睁睁地看着货轮拖着浪花越走越远……求生的本能使孩子在冰冷的海水里拼命地游，他用尽全身的力气挥动着瘦小的双臂，努力使头伸出水面，睁大眼睛盯着轮船远去的方向。船越走越远，船身越来越小，到后来，什么都看不见了，只剩下一望无际的汪洋。孩子的力气也快用完了，实在游不动了，他觉得自己要沉下去了。放弃吧，他对自己说。这时候，他想起老船长那张慈祥的脸和友善的眼神。不，船长知道我掉进海里后，一定会来救我的！想到这里，孩子鼓足勇气用生命的最后力量又朝前游去……

船长终于发现那黑人孩子失踪了，当他断定孩子是掉进海里后，下令返航，回去找。这时，有人规劝："这么长时间了，就是没有被淹死，也让鲨鱼吃了……"

船长犹豫了一下，还是决定回去找。又有人说："为一个黑奴孩子，值得吗？"

船长大喝一声："住嘴！"终于，在那孩子就要沉下去的最后一刻，船长赶到了，救起了孩子。

当孩子苏醒过来之后，跪在地上感谢船长的救命之恩时，船长扶起孩子问：

"孩子，你怎么能坚持这么长时间？"

孩子回答："我知道您会来救我的，一定会的！"

"你怎么知道我一定会来救你的？"

"因为我知道你是那样的人！"

听到这里，白发苍苍的船长"扑通"一声跪在黑人孩子面前，泪流满面："孩子。不是我救了你，而是你救了我啊！我为我在那一刻的犹豫而耻辱……"

我们同为团队的一员，要想获得别人的信任，首先要去信任别人，这是作为合作伙伴的前提，除非你确定对方不值得信任。信任他人，不仅包括他的能力，还包括他的人品。每个人的能力都各不相同，信任他，就放心把事情交给他去做，信任他，就不要对他的能力有所怀疑，我们可以允许合作伙伴工作出错，但从一开始就怀疑别人能不能做好是不对的，是对他人的不信任。产生不信任的结果只能是让对方没有自信，没有做好事情的决心和勇气或者如"囚徒困境"般各自为营。相信队友，相信团队，尽力做好自己的事情，同时帮助他人，建立彼此之间的相互信任，我们的合作就会更愉快，更成功。

5. 宽容、理解，用换位思考来解决冲突

在我们生活中，与同事相处的时间正常是八小时，有时加班会多达十几个小时，甚至比我们与家人在一起的时间还长。一天两天没什么，但时间久了矛盾就会慢慢出现。面对与同事之间的冲突，大部分人都很头疼。计较的话，影响了工作和人脉，不计较的话心里又实在是难受。咽下这口气，会让其他同事觉得你好欺负，还有下次。咽不下这口气，只能是越闹越僵，到最后双方不讨好。真不知怎么办才好。其实很简单，掌握解决与同事之间冲突的方法只有一个，那就是宽容、理解，用换位思考来替他人着想。只要用这种方法，就没有解决不了的冲突，没有团结不了的同事。

印度诗人泰戈尔曾说："越是有人责备我，我就越坚强；越是面对刻薄的人，我就越懂得宽容。"在企业里，在团队中，身边肯定会有人对你不满意，对你横挑鼻子竖挑眼，尤其是在工作出现问题的时候，一定会有先推卸责任的人。这时要冷静下来，宽容地对待别人，消除对方的敌意，再站在对方的角度来思量，是他故意生事还是自己做得不够好？当我们有了这种心态的时候，反省出来的多半是自己也有不是，那么问题就好解决了，先纠正自己的错误，再拿出诚意与别人商讨，很快就能从冲突走向和解。当发生意见与冲突时，不要因为一时赌气而不把别人放在眼里，拒绝合作甚至不与他人打招呼。作为合作团队中的一员，想要解决冲突，我们就要主动与他人示好。打个招呼，示个好，远比睚眦必报效果好得多。如果见面你不理我，我把头扭到一边，气氛越来越冷，矛盾会越来越大，到最后谁都承担不起责任。有了宽容的心，站在对方的角度思考问题，我们就能看到对方的难处，体谅对方的难处，同时可以找到冲突的根源所在，

也便于找到更好的解决方法。

梁娜刚刚毕业,也是第一次参加工作,所以,她平时做什么事情都是小心翼翼的。因为大学时期修的是文秘专业,所以,梁娜现在在公司做的是总经理秘书的工作。总经理安娜看起来是很强的样子,所以,梁娜从第一次见到安娜之后,对安娜就是又敬又怕的,在为安娜工作的时候也总是一丝不苟,不敢有一丁点儿的马虎。

可是,生活不可能是永远平静无波的,我们也不可能左右生活。就是这样,尽管梁娜已经非常小心了,但是一天安娜让梁娜打印一份非常重要的文件,也许是那天的工作量太大、太忙了,梁娜竟然把这件事情给忘记了。那可是安娜要用的发言稿啊。

再去打印的话也已经来不及了。梁娜做好了被开除的准备,她来到了安娜的办公室,决定向安娜说一下现在的情况,看看还能不能进行一些补救。结果安娜并没有发火,而是思考了一下说:"现在做什么也没用了,情况也比较急,还好对于稿子我有大概的印象,等会儿在开会的时候,我尽量凭记忆说好了。小梁,你也不要那么沮丧了,快去准备准备,跟我去开会!"

结果,在会议上安娜凭借自己出色的口才和记忆力,博得了满堂喝彩。事后,安娜也没有责备梁娜,更没有将她给开除,而是说:"新人哪有不犯错的,吃一堑长一智嘛,以后改进就行了!"

一下子,梁娜彻底地改变了对安娜的看法,从那以后,梁娜工作认真、努力,最终成为了安娜得力的助手。

一个人特别是刚入职场的新手,能够快速成长大多缘于同事们的宽容与理解。安娜正是这样做了,才得到了一名得力的助手。假如当时安娜不站在梁娜是新手的角度上来替她考虑,只是一味地责怪,也许梁娜早就辞职了。安娜也就得不到这么一名得力的助手了。人总有出错的时候,站在他人的角度来替他们想，我们会有不一样的感受。当冲突发生后，我们唯有选择宽容、理解和换位思考才能更好地解决冲突。

职场中，一些同事总是摆出一副自傲、清高、不可一世的面孔，对人家指指点点，好像什么都懂，什么事都比别人强。对于这种做法我们实在难以理解，更不可能认同。有的人与他们针锋相对，无形之间效仿了他们的行为，有的人选择不闻不问，但工作间总是有相互关联的地方，不得不打交道。既然同事中有了这种人，我们就要有正确的相处方法。这就是宽容。宽容别人的行为，宽容别人对自己的态度，即使他们的言语尖刻而冷酷，即使他们的某一过错让我们难过，我们都要选择宽容。因为宽容和理解总会让他明白你的诚意，因为你的宽容和理解会让他醒悟，从而自愿改正。

我们所说的换位思考，并不是要别人站在自己的角度来考虑自己的感受，替自己出气。相反，当冲突发生时，我们应该站在别人的立场上替别人考虑，这样我们才能明白为什么别人会与自己发生冲突，为什么别人的态度会是这样。换位思考是把自己换到对方的位置上，在反思中主动去承担一些义务和责任，宽容别人，而不是把义务和责任推给别人，让别人来宽容和理解自己。有诚意的换位是，当自己处于优势位置时，俯身去换到弱者的位置去思考，保持一种宽容、理解的心态。

冲突是同事之间可能发生的正常的情况，正确面对，宽容和理解别人对待冲突的态度，以积极的心态去处理冲突，我们的合作就能保持愉快。

6. 精诚团结，与团队成员相互扶持

对于团结，我国自古就有"人心齐，泰山移"的说法。有了团结，任何前进路上的阻碍都是弱小的；有了团结，任何困难都不成问题，对于一

个团队来说，员工之间只要有了团结，有了相互扶持战胜困难的决心，就没有做不成的事业。"一个篱笆三个桩，一个好汉三个帮""众人拾柴火焰高""三个臭皮匠，顶个诸葛亮"等这些名句，都是对团结最好的解释。对一个团队来说，团结就有凝聚力、团结更有战斗力。凡是优秀的企业，都会是精诚团结的一个整体。大家为了共同的理想和愿望而团结在一起，奉献自己最大的力量，发挥最大的价值，这些价值组合在一起，就成了团队力量，而这种力量又远远大于个人的力量。任何一种组织，只有亲密无间地团结，才能使组织效率最大化，才会创造出无穷的力量。一个员工作为工作中的个体，只有把自己融入到整个团队之中，凭借整体的力量，才能把自己所不能完成的棘手的问题解决好。

同事之间如何才能发扬团结协作精神，相互扶持创造更大的价值呢？

相互信任是关键的一步。在工作过程中如果能做到相互信任，我们就能融洽地相处，就会相互尊重，相互理解。在这种氛围中工作，必将激发我们的工作热情，更好地发挥我们的聪明才智，形成良好的上下级以及同事之间的和谐关系。作为下属，融洽的关系就能正确领会上司的意图，明确工作目标，出色地完成工作任务；作为上司，融洽的关系可以使下属更加充满信心，提出良好的工作建议和意见，有效提高工作效率；同事之间有了信任，便不会猜疑、不会推诿，也不会刻意把难题留给别人。信任是团结的起点，没有足够的信任，相互就没有交心，没有共谋事业的决心，于是团队也就没有了凝聚力。信任能让我们主动沟通，营造和谐气氛，这样才能团结一致、齐心协力，共同把工作做好。信任别人是一种良好的美德。在与同事相处时，一定要给予充分的信任。尽管有些方面自己确实比对方强那么一点点，我们也要保持谦虚的心态，主动信任别人，相信别人一定会尽力把事情做到最好。相信别人的同时，也给予自己更多的信心，相信自己的团队，相信能够成功。"万事不求人"早已不是现代社会的英雄，相反越是不求人、不帮人越会被人孤立冷落，到最后只能自食苦果。团结一致，紧密协作，才能走向成功。团结就是力量，合作就是力量。要想成功，任何人都需要他人的帮助。卡耐基说过，一个人的成功，只有

15%是由于他的专业技术，而85%则要靠人际关系和他的为人处世能力。为人处世，基于起码的信任。如果你不相信同事会把你的利益放在心上，那么将很难与他们分享自己的想法。你会害怕其他人在背后发表对你不利的看法，同时你也担心失去自己的利益。从合作的第一天开始，我想没有人希望看到合作的失败，之所以有了后来的失败，是因为相互之间隔阂慢慢加深，到最后毫不信任的结果。所以信任对于自己和他人都是很重要的，每个人都希望得到他人的肯定与认可，每个人都希望得到应有的尊重。真心地去信任你的伙伴同时也得到别人的信任，这是成功的开始。

正确认识自己，把自己融入到集体当中去，参加集体活动，增加团队协作精神，团结身边的每一个同事。参加集体活动，可以增强我们的团结协作意识，进而产生协同效应，在遇到困难或者出现问题的时候，同事之间才能相互帮助，一起来想办法、拿主意，着力解决遇到的困难。如果不团结，就会各怀心事，你遇到困难，他在一旁看热闹；他遇到困难，你视而不见甚至落井下石，这种状况是无论如何也搞不好工作的，无论如何也不可能达到我们想要的目标。每个人都一样，遇到困难的时候一定是希望身边的人能够伸出手来帮自己一把。但是如果我们平时在工作中无视别人的困难，不与大家合作，到真正困难的时候，谁又会愿意与你合作呢？向别人伸出手帮助其实并不难，也许对于别人来说很大的困难你却可以轻松解决，那么何不伸出手呢？在职场上看似帮助别人的事情，其实是在为自己积攒人脉，为自己铺就成功的路。"赠人玫瑰，手留余香"，助人有助人的快乐，被人帮助有被人帮助的感慨。团队中只有大家团结一心，你帮我扶，才能共创未来。

有的人以坚守自己的岗位为由，不理会别人的困难，更不愿伸出手去帮扶，"这个工作我没经验，还是你自己做吧""已经分了工，我做好我的就行了，他人的事情我还是少操心吧""凭什么总是我在做，别人不努力难道也要我来承担责任吗"……怨言和不满总是自私的最好借口，在抱怨的同时其实大家心中都明白，谁都会有犯错的时候，谁都不是超人，需要帮助是很正常的事情，如果凡事都能一个人搞定，那还要团队干什么？不团结的队伍总是会出现部门之间有好事情就你争我抢，一旦遇到难题就你推我让，而员工之间更是扯皮、埋怨，总想好事都轮到自己头上，坏事都由他人承担。天下哪有那么多好事等着你？如果人人都这么想，到最后只能是拖垮了企业，自己也失了业。一个单位，如果组织涣散，人心浮动，人人自行其是，甚至搞"窝里斗"，何来生机与活力？又何谈干事创业？在一个相互敌视的环境里，个人再有雄心壮志，再有聪明才智，也不可能得到充分发挥！只有懂得团结协作的人，才能明白团结协作对自己、对别人、对整个单位的意义，才会把团结协作当成自己的一份责任。

　　团结协作是一切事业成功的基础，个人和集体只有依靠团结的力量，才能把个人的愿望和团队的目标结合起来，超越个体的局限，发挥集体的协作作用。一个不愿意团结他人的人，不仅事业上难有建树，很难适应时代发展的需要，也难在激烈的竞争中获得成功。现代社会分工细化的要求就是合作，个人英雄主义早就不适用于团队，不适合创业。因为知识是无限的，而人的精力是有限的，没有人可以将世上所有的知识都学尽，都掌握，即使你在某一方面是了不起的专家，但在另一方面你可能就是一张白纸。把大家团结在一起，各自发挥能量，再把力量相加，这样我们才是最具战斗力的英雄团队。合则共存，分则俱损。如果因为心胸狭隘，单枪匹马去干事，放着身边的人力资源不去利用，结果只能是事倍功半，甚至更糟。

第三章

用心沟通，让团队合作变得畅通无阻

沟通是化解矛盾、排除障碍的良药。合作从沟通开始，沟通从心开始。敞开心扉，展现你的尊重、你的支持、你的理解和需要，以坦诚的心来倾听对方的声音，合作就会无往而不胜。

合作思维：从单兵作战到合作共赢的工作新逻辑

 1. 沟通是合作的开始

我们处于一个合作的时代，合作已成为人们生存的手段。因为科学知识向纵深方向发展，而社会分工也越来越细，每个人都会精于某一方面的技能以适应这个社会的发展，由此，也更需要借助他人的智慧来完成自己人生的超越。这个世界充满了竞争与挑战，也充满了合作与分享。

1994年，组织行为学权威、美国圣迭戈大学的管理学教授斯蒂芬·罗宾斯首次提出了"团队"的概念。在随后的十年里，关于"团队合作"的理念风靡全球。由此便可以知道，人们对于合作精神的重视程度。

在团队合作中，几乎每一件事都离不开有效的沟通，无论是为了施加正面的影响，还是为了理解他人的处境和想法。或者是想说服别人支持自己的行为等。

团队原本就是因为一个共同的目标而组成的集体，从分工协作到创造成功是一个很长的过程。在这个过程中由于人与人之间、部门与部门之间缺乏沟通和交流，常常会遇到一些摩擦、矛盾、冲突和误解，这不仅影响到团队的气氛和士气，使团队难以形成凝聚力，人为内耗成本增大，严重的甚至会导致团队"夭折"。可见沟通对于团队能否成功有着巨大的影响。什么是沟通？沟通是为了一个设定目的，把信息、思想和情感在个人或人群间传递，并且达成共同协议的过程。这也是沟通的三大要素。如果没有目的和达成共识，便算不上沟通。沟通带来理解，理解带来合作，有效的合作前提就是沟通。沟通是合作的开始，一支优秀的团队一定是一个沟通良好，协调一致的团队。团队中相互沟通不畅影响的是团队利益，也是个人利益。因为团队没有利益，个人也就不存在利益。团队之间的默契是依靠日常生活中有效沟通来实现的。

在团队合作中，沟通无处不在。企业与企业之间需要沟通、领导与领导之间需要沟通、上司与下属之间需要沟通，员工与员工之间需要沟通。可以说没有沟通就没有合作，没有沟通合作就没有胜利。优秀的团队一定是一个沟通良好、协调一致的团队。一个人的力量是很有限的，个人的力量很难突破时空、环境的障碍。但是，一旦个人加入了群体，再由群体发挥出团队的力量，客观的环境障碍就再也不是什么问题了。沟通是有技巧的，并不是所有的人都会有效沟通，也不是每次沟通都会有效，只有掌握了正确的沟通技巧，排除沟通障碍，我们才能更好地与他人合作。与人沟通，言语是十分重要的。哪怕只是一点点小事，如果自己的言语表达不对，会惹怒对方，会把两个关系本来不错的同事关系闹僵，这样不仅不利于两人以后相处，也不利于工作中的合作。所以，当我们与人沟通时，一定要以和为贵，不要一开口就恶语伤人，哪怕心中有气，也要压制自己心中的"火"，和善地与别人沟通。

同事与你在一个单位中工作，几乎日日见面，彼此之间免不了会有各种各样鸡毛蒜皮的事情发生，各人的性格、脾气禀性、优点和缺点也暴露得比较明显，尤其每个人行为上的缺点和性格上的弱点暴露得多了，会引出各种各样的瓜葛、冲突。这种瓜葛和冲突有些是表面的，有些是背地里的，有些是公开的，有些是隐蔽的，种种的不愉快交织在一起，便会引发各种矛盾。但是同事之间有了矛盾，仍然可以来往。彼此之间有矛盾没关系，只求双方在工作中能合作就行了。由于工作本身涉及双方的共同利益，彼此间合作如何，事情成功与否，都与双方有关。如果对方是一个聪明人，他自然会想到这一点，这样，他也会努力与你合作。如果对方执迷不悟，你不妨在合作中或共事中向他点明一点，以利于相互之间的合作。

在办公室与人沟通一定要和气、友善。就算是级别高于与你沟通的人，也不能用命令的口气与他说话。虽然有时候大家意见不能够统一，但意见可以保留，特别对于那些原则性不很强的问题，没有必要争得你死我活，如果一味逞强，会让同事们对你敬而远之，自己也受到孤立。

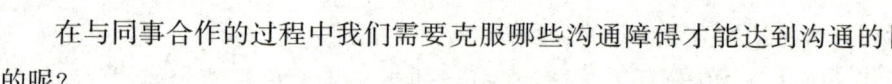

在与同事合作的过程中我们需要克服哪些沟通障碍才能达到沟通的目的呢?

(1) 语言障碍

我国的语言非常丰富,常常是一句话包含多种意思,表达不准确就容易造成对方的误解,有时即使你表达得非常准确,但由于听者角度不同,也会产生不同的理解。沟通时要考虑到他人的角度不同可能理解的方位也不同,着重强调自己所表达的意思。

(2) 价值观不同

在当今价值观比较多元的社会里,很多矛盾源于价值观的巨大差异。俗话讲"酒逢知己千杯少,话不投机半句多"。讲的就是这个道理。经验不同,对同一件事的理解和感受就可能不一样,往往容易造成"话不投机半句多"的结局。这就要求我们在沟通时考虑不同的对象,采用不同的方法来进行沟通。

(3) 沟通方式选择不当

不同的沟通对象适合使用不同的沟通方式,如果沟通方式选择不当,往往会不欢而散,无果而终。比如批评对方时最好在单独相处的时候,如果在大庭广众之下点名甚至指责,结果造成当事人非常尴尬,就会本能地产生抵触的情绪。

(4) 地位、角度、角色心理不同

地位不同,双方的经验水平和知识结构上差距过大,所处位置不同,心理承受能力不同,都会让沟通产生障碍。沟通时要根据不同的人、不同的性格差距来从不同的言语上进行沟通,对所有的事情都用一个态度肯定是行不通的,也无法起到沟通的作用,有时还会适得其反。

(5) 利益冲突

有时候因为一些事情表面上看损害到了个人的利益,于是沟通显得困难。但是只要我们不存私心,从团队的利益出发,跟对方说明利害关系,对方还是能够接受和理解的。在中国的处世哲学中,中庸之道被奉为经典之道,中庸之道的精华之处就是以和为贵。同事作为你工作中的伙伴,难免有利益上的或其他方面的冲突，处理这些矛盾的时候，你第一个想到的解决方法应该是和解。毕竟，和气才能共处，才能打造一个和谐团体，一起为公司效力。

不论是同事、朋友、合作伙伴还是其他人，沟通时一定要以和为贵，哪怕有一时的争执，也不用逞强舌战到底，只要我们真诚地表达出自己的意思，表现出我们想要以和为贵的真心，沟通就一定有效，也就能促成我们更好地合作。

2. 倾听不同的声音，排除合作障碍

美国思科公司中国区总裁杜家滨说："我的日常工作中有一大部分时间用于沟通，用于把各种信息加减乘除，沟通是一切的基础。"现代企业内部越来越强调团队的合作精神，因此有效的企业内部沟通是成功的关键。对于企业来讲，实现企业与政府、企业与公众、企业与企业等各方面的良好合作，都离不开熟练地掌握和应用沟通的原理和技能。

一个团队合作成功并不是件很容易的事情。合作过程中因为团队成员来自四面八方，人生观、世界观以及知识水平、生活习惯、处事方式等各方面都有各自的特色，合作中会出现种种意想不到的矛盾与冲突，形成合作障碍，想要继续合作并取得成功，就需要全队成员相互包容、理解、努力和奉献才能实现。特别是在沟通的过程中，需要倾听来自各个方面的声音，并且融合所有不同的意见，通过团队全体成员作出最佳决策，才真正有利于合作。沟通不畅，或是沟通不到位，就会产生不良后果。

沟通一定要充分，一定要仔细，一定要到位。特别是对于团队里面的事情来说，沟通更需要非常充分，让该理解的全部理解，该提的意见全部

提出来，该说的想法全部说出来，大家坦诚相待，实话实说，相互之间的信任度会大大提升，合作障碍也会大大减少，合作起来当然也会更顺畅。

一般来说，团队合作中的障碍主要有以下方面，需要我们排除。

（1）相互之间缺乏信任

作为在一起合作的伙伴，信任是首要的。团队中的信任是指成员之间相互相信对方，无论是做事还是做人，都确定对方是出于关心和好意。即使是对方的批评也要接受，更不能认为对方是在挤对自己，故意为难自己。只有真诚坦率，相互信任，才能换得真情实意。同事之间相处后必然会因为一些事情而发生摩擦，不要刻意地去把矛盾放大，不要胡乱猜疑，认为别人总是做"小动作"针对自己。正确认识自己的短处，同时学习别人的长处，团队中是否有信任，不在于标榜，而在于具体行为。比如上司找你谈话你就认为是别人打了小报告，开始怀疑这个，猜疑那个，甚至指弄得大家都不舒坦。这就是不信任别人的表现。大家在一个团体中共事，总会有磕磕碰碰的时候，不必要为了一些鸡毛蒜皮的事来影响同事间的关系，这样不仅会使自己不受大家欢迎，还会影响团队合作。缺乏信任的团队就是一团乱麻，总有解不开的结，这样的团队最终会失去价值。

（2）害怕冲突

一说起冲突，一些人就联想到你死我活的争斗。其实在合作过程中冲突是难免的。但同事间的冲突绝对不是你死我活的战争，而是为了有更好的执行方案，彼此提出更好的建议而各抒己见的一种商讨方式。有争论才有比较，有比较才有鉴别，才能知道哪种是最好的执行方法。良好而持久的合作关系，需要积极的冲突和争论来促使其前进。工作中我们常常为了避免冲突而尽量少发言，少争执，看起来似乎是为了和谐而努力，其实是不利于应对合作中出现的各种问题的。当问题发生后，大家各自沉默，互不干扰，那么问题就一直是问题，没有人来解决，即使有人来解决，也可能因为个人的力量不够而搁置。积极的争论与消极的争吵、与个人矛盾是完全不相同的。争论可以让众多人参与，并提出各自的意见，通过争论可以让大家更有信心和勇气去承担，去努力。而消极的争吵是只考虑自己的感受没有目的且不计后果的行为。有了冲突并不可怕,可怕的是大家都沉默过后出现另一种不满的声音,这种声音会让团队失去和谐,失去动力,丧失斗志。

(3) 欠缺投入

团队力量之所以大于个人力量,是因为每个人都发挥出了自己的长处而避免了短处。一个人或许并不优秀,但集中了众多人的长处,这股力量就不能小觑。在工作过程中我们总会遇到一些人明明有十分的力气,偏偏只使出八分,理由很简单,"拿多少薪水做多少事"或者"事情我都做了,别人干什么去?"也就是说这类人没有真心地投入到工作中去,没有把事情当做事业来做的精神,没有团队的利益就是我的利益、团队的得失就是我的得失的觉悟。这类人的存在总是会对团队发展起到局限的作用。如果团队每个人都这么想,那么团队也就失去了聚拢力量的能力。不愿更多投入的人是自私的,他们所考虑的,就是怎么把付出最小化,利益最大化。这是团队合作障碍中最常见的一种。要排除这种障碍,就要树立足够的自信,把自己融入到团队中,相信自己是团队中重要的一员,同时相信团队一定能够帮助自己实现梦想。与伙伴们一起解决问题,排除困难,在工作中找到付出与分享的快乐,使自己把更多的精力投入到工作中,更好地与他人合作。

(4) 逃避责任

一个没有责任心的员工不是好员工。企业里没有责任心的员工并不少见。他们并不是天生就没有责任心,而是对失败充满了恐惧,生怕某一件事情不对而受到责罚。有这种心理的人总是抱着"多一事不如少一事"的态度。比如别人办公桌上的电话从来不帮忙接一下;别人的计划案从来不给任何建议;单位机械有故障就算是会修也不会主动……出现这种心理的原因只有一个,就是怕给自己惹麻烦,害怕承担责任。害怕承担责任的人对工作是毫无热情的,出现问题时他们会本能地推诿、推卸。他们总认为我已经付出努力了,为什么还要追究责任?企业都需要靠业绩生存,而业绩需要每一个员工去创造。员工的价值,就在于能为团队创造更多的价值。因此，对于团队中的一员而言，结果永远都是最重要的，对结果负责才是真正的负责。无论过程多么天衣无缝、完美无缺，如果没有完美的结果，那就是责任没有到位。要想成为一名优秀的员工，就一定要有结果意识，在问题面前把自己的潜能发挥到极致，进而创造出实实在在的业绩，真正对结果负起责任。逃避责任只能让自己远离团队，远离合作，当然也就远离了成功。

（5）无视结果

一个团队中大部分人都会以团队的利益为先，都明白既然是在一起合作，当然是以大家的利益为重。在个人目标与团队目标发生冲突时，能够主动以团队目标、团队利益为先。但还有一部分人却不这么想。他们是以完成自己的小目标为先的，至于团队目标，那是其他人关心的事情，与自己无关；为了追求个人的业绩，为了达到个人晋升的目的，哪怕损害他人利益也要去争、去抢，不达目的不罢休。这种人就是我们所说的做事无视结果的人。团队合作到最后会是个什么结果，对他来说无关紧要，只要个人利益不受损害就行。还有一种人，每天看起来兢兢业业，从不偷懒，也从不违反纪律，但是从来没有可观的业绩。这种人的行为其实也是无视结果的表现。他要做的就是每天机械地上下班，完成上级交代的任务，至于团队的发展，团队的前景与自己都没有关系，也是自己操心不来的事情。他们觉得团队的大方向都是上司操心的事情，自己操不了心，也管不了事，还不如不问。以至于到最后团队失败他也不明白为什么。无论是哪一种无视结果，都是不利于团队发展的。一个团队需要的是大家以主人翁的思想来融入到团队中，时刻为团队着想，为团队而奉献，这样的团队才能具有强大的竞争力，这样的团队才有可能帮助自己实现人生理想。

不管是哪一种障碍都会阻碍团队发展，所以我们一定要排除这些拦路虎，齐心协力，为打造优秀的团队而努力奋斗。

3. 注意日常沟通的"禁忌语句"

沟通是一门学问，沟通又是人与人之间正常交流的必要手段。所以在与伙伴们合作的过程中一定要掌握沟通的方法与技巧，使沟通有效果，才能起到沟通的作用，否则，不仅沟通的目的达不到，还有可能引起对方误会而导致合作失败。特别是一些沟通"忌语"，更需要我们在沟通的时候远远避开。

所谓"禁忌语句"，当然是一些听起来让人心生恶感、不舒服的话。比如强势要求，粗俗的玩笑、恶意的诋毁批评、虚伪的奉承等。总之就是让人听起来很反感的话。俗话说"良言一句三冬暖，恶语伤人六月寒"，当我们与同伴沟通的时候一定要分场合、分年龄、分事情。你本无意伤人，但一句无心的话，使对方听起来却火冒三丈或拂袖而去，留下尴尬的你不知所措。这就是触到了禁忌语句的原因。所以在职场沟通时，一定要注意避开这些"忌语"。

（1）脏话

这是最不应当出现在工作沟通中的话，不管关系多随便也不能说。所以务必记住：永远永远不要说脏话！说脏话不仅是对他人的不尊重，也是对自己的贬低，有时候还会带来严重的后果，比如惹出对方的火气，使合作彻底断绝，这是沟通中最大的忌讳。

有时候对他人的工作实在是太不满意，很有可能会脱口而出"垃圾"，但这是非常犯忌讳的词语。无论如何，评价一个人和他的工作都不应当用这样的词汇。哪怕你是团队的领导或是核心，也绝对要杜绝使用这样的词语，以免破坏合作。

（2）怨言

"这件事真没意思！""为什么每天都做这些没意义的事情？""我真倒霉""总是我吃亏""都怪他们""为什么老是挑我的刺？""我已经尽力了还怪我？""为什么你没有做好？""你是不是看我不顺眼？"……这些抱怨的话，最伤感情，也会使大家觉得你这个人不可信，工作交给你根本不放心，谁还敢放心与你合作？

（3）借口

"这不是我的错""这是灯不亮造成的""天气太热了""时间太短了""我已经尽力了""我做不好这件事偏让我来做"……这些借口，只会让同伴们讨厌，让人觉得你不想做事，也做不好事，大家只会对你敬而远之，制造合作障碍。

（4）假话

有的人在沟通中为了给他人留面子，不惜说假话，这对于沟通并没有好处。特别是在工作时，明明对方做得一塌糊涂，背后让人吐槽不已，当面却说"不错"，这样会给同事造成一种自己做得很好的假象，到时候出了什么问题，责任推来推去，就会给合作带来很大的阻力。所以务必说真话，实话实说，有话直说，是什么样就说什么样，一定不要说假话。要留面子可以语气委婉，用语婉转，但一定不可以说假话。

（5）虚话

即模棱两可的话，比如"大概吧""差不多""还可以""还行""还不错"，让人摸不着深浅，不知道究竟，这样的话会给沟通带来很多障碍，沟通时的语言要尽可能地精确和详细，让人一目了然，这样沟通的效果更好。

（6）推辞话

假如项目交付的时间近在眼前，有一大堆事情要做，已经忙得不可开交了，这时候又给了新的任务，你可能不得不拒绝了。但是不要用"我没有时间做这个事"这句话，因为这会让你看起来缺乏时间管理能力，也会让你显得很粗鲁。你可以说"我很乐意在开会之后和你讨论这个问题"，或者直接告诉对方你还有哪些事情需要做,而不是说了这句话之后再用别的话去补救。这样你只会在他心目中留下坏印象。"我试试看"的话也要尽可能少用。因为试试看是不确定的,要做就要有结果,要么做,要么不做,没有试试看。所以在回答时要能激发自己的信心,至少在"我先试试看"之前加上"尽我所能"。

(7) 拒绝话

有时候不得不拒绝对方的事情,但如何拒绝也是有学问的。比如工作超出你的范围,就不要说"那不是我的工作",这句话使你把自己排除在了团队之外。一个团队里各有各的岗位,各有各的工作,但大家的目标是一致的,不是自己的工作,同样可以很好地去完成。如果自己完成不了或是时间不允许,也应当用委婉的表达方法来说,不然会让你看上去不合群、爱偷懒、无能和不负责任。

还有"我不能(想)和他一起工作"也是忌语,要杜绝说这样的话。不管你是因为对某个人有想法,还是你不喜欢某个人的工作方式,公开拒绝与他共事只会严重影响你自己的形象。所以无论你有多讨厌一个人,别在工作时突出你们的分歧,求同存异也适用在你的工作中。如果你做到了这一点,你会在团队中显示出自己的合作能力和克服挑战的能力;如果做不到也别表现得过于明显,因为这样只会让别人对你失去好感。

(8) 玩笑话

沟通中还有一种禁忌语言,那就是开玩笑。同事之间开个玩笑,一是可以缓和气氛,二是可以减少压力,是有利于开展工作的。但是如果玩笑开得不合适就会适得其反,弄得别人不开心,自己也尴尬。许多人认为开个玩笑有什么大不了的?但如果只是为了自己的欢娱而忘了分寸就过分了。拿别人的隐私、弱点、短处来开玩笑,就是不尊重他人的表现。比如明明同事有口吃,说话时还故意结结巴巴,对方就会比较难堪。拿同事父母或者亲人开玩笑,会让人觉得你轻浮、没有教养。开个玩笑原本没什么大事,但是伤到别人的自尊或侮辱到别人的人格就不是小事了。所以开玩笑也要适当,符合时宜会让人开心一笑,不合时宜的话会让人怒气冲天。

玩笑话可以讲，但务必注意分寸。

(9) 伤人话

无论对方是否承认错误，都不能以恶语来伤害他人。比如"你脑子坏掉了，还不肯承认错误""别以为你瞒得住，其实大家谁不知道这事是你的错""我不害怕你有背景，反正不是我的错"……这些话会让对方感受到极大的敌意和不尊重，会对你产生恶感，认为你是一个粗俗而不讲理的人。说完这些话，恐怕你们以后相处都难了，更别说沟通。

(10) 过头话

有的人在说话时，为了强调自己的观点，动不动就说"绝对"怎么样，说话不留半点余地，以致在特定情况下，使自己进退维谷，颇为尴尬。俗话说"人情留根线，日后好相见"，以防日后还有打交道的时候。我们生活中很多不愉快的事儿，起源多在口无遮拦上。不说过头话，是沟通合作的重要一点。

在与同事沟通时，哪些话该说，哪些话不该说，一定要弄清楚。一般来说，善意的、诚恳的、赞许的、礼貌的、谦让的话应该说，且应该多说。恶意的、虚伪的、贬斥的、无礼的、强迫的话语不应该说，因为这样的话语只会造成冲突，破坏关系，伤及感情。有些话虽然出自好意，但措辞用语不当，方式方法不妥，好话也可能引出坏的效果。所以在与对方沟通的时候掌握说话的分寸，才能获得好的效果，成为一个受人欢迎的职场人。

除了这些忌语要避免，沟通时还有一些禁忌也是要特别注意的。俗话说"病从口入，祸从口出"，下面这几点，沟通时也要牢记。

(1) 多谦虚礼让，少"据理力争"

沟通时要有良好的态度和谦虚的心态，语气要礼貌柔和，让对方感觉到你不但是一位了不起的专家而且是一位修养高尚的人，这样更容易赢得配合和理解。有些人总以自己是专家、技术能手自居，认为自己的见解或做法比同伴高明而喜欢和同伴辩论或"据理力争"，这是无益的。要明白，我们是去解决问题的，是为了更好地进行合作，而不是来比能力、比见识的，如果执意"据理力争"，很可能会让同伴反感而对日后的合作不利，最终影响到事情的成功。

当然，忌"据理力争"，并不是说我们不表达自己的看法和观点，而是不要对一些无关紧要的问题去"据理力争"。当然在团队成员讨论或是头脑风暴时，"据理力争"又是很重要的。这就需要我们把握好度，该争的时候争，不该争的时候就宽容大度。

(2) 多换位思考，少刻意说服

在团队合作中，我们经常会互相探讨，寻找解决问题的方法。每个人都会本能地从自己的角度出发来选择工作的方式和合作的渠道。但总是从自己的角度出发考虑问题，难免会失之偏颇，必须站在全局的高度来探讨，才更为有利。当意见冲突时，不妨换位思考，从对方的角度来考虑，这样更容易看到谁的意见更合理。如是坚守自己的意见，不从对方的角度来考虑，而是着意去说服对方，那只会招来对方的反感。

(3) 多委婉商谈，少粗暴回绝

团队内部的沟通，一般都不会涉及原则性的对错问题，因而要学会委婉真诚，而不应当简单粗暴地对待同事的问题。如果不能立即作出结论，可以先把问题记下来，大家都先冷静考虑后再做决定。

(4) 要主题明确，不要海阔天空

时间就是金钱，沟通需要时间，因而沟通时务必主题明确，言简意赅，围绕问题来沟通，而不是闲聊。沟通时切忌海阔天空，东拉西扯，那样会使沟通的效果大大降低。记住，沟通不是演讲，目的是为工作服务，而不是去展示自己的"口才"有多棒、见识有多广，所以简洁明了、直奔主题最好。

(5) 要当面沟通，忌背后议论

在一个团队里，有不同意见或是不满、不懂、不知道的事情，尽可能当面问清楚，以最大限度地减少误会，降低沟通成本。面对沟通，最不应该的就是当面不做声，背后不停说，说来说去，是是非非满天飞，既不利于工作的进展，也不利于人际关系的和谐。即便有再多的意见，也应选择

合作思维：从单兵作战到合作共赢的工作新逻辑

在适当的环境下采用适当的方式当面坦诚沟通，消除误会，增强理解，化解矛盾，促进合作。

沟通是合作的基础，因而良好的沟通会大大提高合作的成效。所以不要让一些没经过思考就"脱口而出"的话伤害了同事间的感情，阻碍了合作的脚步。要"三思而后言"，想一想之后再说，确保自己说过的话不犯"禁忌"，不伤感情，从而促进团队的良好合作。

4. 让幽默成为沟通的润滑剂

沟通不能缺少幽默。幽默是一种宽容精神的体现，也是乐观、友善、和气的表现，是沟通的润滑剂。沟通中适当地加入幽默，可以缓解紧张、化解尴尬，让难堪的场面变成笑声一片。在团队的沟通中，幽默可以起到催化作用，让本来严肃而紧张的职场变成一个欢乐和谐的大家庭。所以沟通时不妨用点幽默，如果多一点趣味和轻松，多一点笑容和游戏，多一份乐观与幽默，那么，工作也会变得轻松有趣得多，也顺利得多。

一次，一位顾客走进一家有名的饭店，点了一只油氽龙虾。他发现菜盘中的龙虾少了一只虾鳌。他询问侍者，侍者把老板找来。

老板抱歉地说："对不起，龙虾是一种残忍的动物。您的龙虾可能是在和它的同类打架时被咬掉了一只鳌。"

顾客说："那么请麻烦你一下，能把那只打胜的给我吗？"

老板和顾客双方都用幽默的表达方式，委婉地指出双方存在的分歧。一句幽默的戏剧性语句和一个幽默的戏剧性行为，其效果远远超过了长篇大论的反驳和纠正。这种方式不取笑、不批评他人，没有伤及他人的自尊，既保护了餐馆的声誉，也维护了顾客的利益。所以工作中遇到急迫而又棘手的问题时，懂得随机应变，使用恰到好处的一句幽默的话，能让工作变得不一样。

幽默是一门艺术，是一种饱含智慧和情趣的领域。它体现了一个人的智慧和情趣，真正的幽默是一种智与情的结合。团队中幽默不仅仅是对同事，也不仅仅是在办公室，只要场合适宜，只要是幽默得当，都是对自己有帮助的，特别是在消除误会、化解矛盾方面，幽默更有威力。

冬季的北方寒气袭人，各家商店门口都挂着厚重的棉帘子。由于进出者一里一外，相互看不见，如果两人同时掀开棉帘子，相撞之事自然在所难免。一天，一位小伙子正掀开棉帘子准备进去，恰好里面一位小姐也掀开棉帘子准备出来，他们同时迈出了脚。姑娘一脚踩在小伙子鞋上，冷不防打了个趔趄，不禁哎哟惊叫一声。小伙子忙伸手扶住并说了一声对不起，之后让开了道，让小姐先出来。小姐出门后，看了小伙子一眼，说："你是怎么走路的！"咄咄逼人的责问令小伙子一时语塞。

在门口踩脚本来双方都有责任，自己已经友好地道歉了，姑娘还不放过，小伙子也有些急了。但他转念一想，人家是斯斯文文的小姐，踩了大小伙子的脚已有些不好意思，何况又在众目睽睽中被他扶住，更是不好意思。只是姑娘因自己的失态，心中恼火，便不经意地把气撒到了这位"肇事者"身上。如此一想，顿时怒气全消，笑着说道："对不起，我是用脚走路的。刚才吓着您了。"小姐一愣，随即扑哧一笑，"你这个人说话真逗，这不能怪你，主要是我没看见，脚也伸得快了一点，踩了你。"

人用脚走路是正常的，怎么会吓着别人？小伙子以自己的幽默，巧妙地告诉小姐，是我的脚害了你，暗示自己对她的理解和尊重。姑娘由责问到道歉，一场口舌之争得以避免，全靠了小伙子善意的幽默。

合作思维：从单兵作战到合作共赢的工作新逻辑

幽默的语言人人爱听，掌握适当的幽默技巧是必需的。在人际交往中，幽默感起到了连接的作用。每个人都喜欢谈吐幽默的人，也希望自己谈吐很幽默。因此，掌握一些幽默说话的技巧，对你提高幽默水平将有所帮助。

清朝李鸿章有个远房亲戚李某，胸无点墨而热衷功名，一心想借科举弄个一官半职。一次，在考场上打开试卷，谁知竟有一多半字不认识，急得如热锅上的蚂蚁。眼看交卷时间就要到了，他灵机一动，在试卷上写道："我乃李鸿章中堂大人的亲妻。"这最后一个字本意想写"戚"，因不会写，以"妻"字代替。当主考官批阅这份试卷，读到"我乃李鸿章中堂大人的亲妻"时，不禁抬须微笑，提笔在试卷上批道："所以本官不敢娶（取）你。"

这里，主考官妙用幽默，语带双关，明言此（不敢娶你）暗言彼（学问浅薄，不能取你），既幽默风趣，又一针见血。幽默的语言别人最爱听。只有迅速地捕捉事物的本质，以恰当的比喻，诙谐的语言，才能使人们产生轻松的感觉。当然，在幽默的同时，还应该注意，重大的原则总是不能马虎，不同的问题需要不同对待，在处理问题的时候要具有一定的灵活性，做到幽默而不落俗套，使幽默能够在人类精神生活上提供真正的养料。

在职场中，幽默是一种智慧的表现，它必须建立在丰富知识的基础上。我们要掌握幽默的说话技巧，就必须认真领会幽默的内在含义，扩大知识面。我们必须广泛涉猎，充实自我，不断从浩如烟海的书籍中收集幽默的浪花；从名人趣事的精华中撷取幽默的宝石。假如你能够对古今中外、天南地北等方面的知识都有所了解，再加上自身较强的驾驭语言的能力，那么，你在交际的过程中，谈吐就比较容易变得生动幽默。

有一个人因为生意失败，迫不得已变卖了新购的住宅，而且连汽车也卖掉了还债，改以电单车代步。有一日，他和太太一起，相约了几对私交甚笃的夫妻出外游玩，其中一位朋友的新婚妻子因为不知详情，见到他们夫妇共乘一辆电单车来到约定地点，便冲口而出地问："为什么你们骑电单车来？"众人一时错愕，场面变得很尴尬，但这位妻子笑着说："我想抱着他，就骑电单车来了。"

因为对方不明情况才贸然说了一句为什么骑单车来。可能在她看来，这些人中应该都是不缺钱的人，不至于没有私车。一句"我想抱着他"既化解了对方的尴尬，也少了自己骑单车来的窘境，众人一笑了之。可见幽默的力量是无穷的。假如不用幽默解危，那么这位妻子是选择不理对方呢还是大骂对方故意让自己没面子？显然都不合适。而一句幽默的话语，却让一切在哈哈一笑中了无痕迹。

中国有句古话叫"会说话让人笑，不会说话让人跳"。在语言沟通中，方式方法很重要。我们往往会遇到"言者无心，听者有意"的尴尬，一句无心的话却让别人陷入了尴尬的境地。挽回局面的方法就是用幽默来缓和气氛。恰到好处的幽默，可以使冰冷的场面顿时柔和起来。有幽默，生活才有趣味，有幽默，生活才有色彩。不管是与上司、下属还是同事相处，不管是商讨、请教还是争论，有幽默在，就有和谐在，有幽默就能更好地沟通。

幽默在沟通中的作用是不可低估的。幽默能使人感到轻松愉快，而这又是提高人的大脑及整个神经系统的张力和充分发挥潜力的必要条件。适当地制造幽默，可以活跃沟通的气氛，使沟通的效果更趋完美。所以当我们遇到沟通障碍的时候，不要忘了幽默，它可以让你的沟通更有效。

合作思维：从单兵作战到合作共赢的工作新逻辑

5. 沟通上级，获得支持

善于和上司沟通，当然会获得上司更多的支持，因而自己的力量也就会更强大。在一个单位、一个集体里，上司总是少数，不可能每个人都成为上司，但是几乎每个人都会成为下属。和自己的上司打交道，是每天必不可少的工作，和上司的关系融洽与否直接关系到自己的前途和发展，和上司有良好的沟通，能够在工作上获得上司的支持。因此，学会与上司沟通不仅对相互工作有利，对个人发展的作用也是很大的。

赵刚是一个十分谨慎的人。平时不爱说话，只知道踏踏实实，埋头工作。一年内为研究所搞出两项科研成果。为此，研究所所长非常欣赏他，就有意提拔他为副所长。可是，每一次所长把自己的意思告诉赵刚时，赵刚总是客气地说："我不行，我真的不行，您别为难我了。"这样经过三次后，所长再也不找赵刚谈话了，并且把另一个在能力上不如赵刚的研究员提拔为副所长。其实，赵刚并不是不想当副所长，人都有渴望名利的欲望，可是，由于他过度的客气，机会与他失之交臂。

过度客气反而会招致误解。和上级沟通应该小心谨慎，顾全大体。但顾虑过多则适得其反，容易遭受误解。有时越是谨慎小心，反而更容易出错，会被上司误认为没有魄力，不值得重用。在职场中，说话要有技巧，沟通要有艺术。有人说，干得好不如说得好。这句话虽然有些偏颇，但是在职场中，如果会做事再加上会说话，那这样的员工肯定能迅速受到上司的青睐和重用。

宋先生在一家比较知名的企业任总经理助理，他的顶头上司贺先生是搞技术出身。由于长期在研究开发领域工作，贺先生对于企业管理是一知半解，知之甚少。出于对技术的钟情与依恋，贺先生总是喜欢直接插手技术部门的事，把管理的层级体系搞得乱七八糟，属下表面上不说什么，但私下里无不怨声载道，这让宋先生感到与其他部门沟通协调倍感吃力。经过思考，宋先生决定向贺先生提出意见。他对贺先生说："真正意义上的领导权威包含着技术权威和管理权威两个层面，贺总您的技术权威已经牢固树立起来了，但是管理权威则有些薄弱，还需要加强。"贺先生听后，若有所思。后来，贺先生果然越来越多地把时间用在人事、营销、财务的管理上，企业的不稳定因素得到有效控制，公司运营进入了高速发展的态势，宋先生的各项工作也顺风顺水，渐入佳境。

与上司沟通，主动的态度十分重要。工作不久、阅历较浅的下属，工作热情高，富有开创性，对工作任务能够提出一些设想和建议。但下属往往慑于周围人际环境的压力，主观上不能与上司进行有效沟通。自己的设想和建议不被上司了解和采纳，就不能使自己的才华得到发挥，因此，不与上司主动沟通，会使你丧失展示才华、取得成功的机会。

小王这几天对自己的部长很不满意，到处发牢骚。原来别的部门要从小王所在的部门调一个人过去，小王很想换一个部门尝试一下，而且那个部门是做技术的，小王正好有这方面的特长。于是在部长向员工征询意见会上，小王就主动地向部长表示自己愿意过去。但是部长好像根本就没有注意到她，最后反而让别人去了。更让小王郁闷的是，调过去的人对于技术根本一窍不通。

注意场合，选择时机，在很大程度上影响到你沟通的成败。小王为什么没有能够如愿以偿呢？仔细分析起来，是她与上司交流的方式有问题。

作为一名下属，这样迫不及待地直接向上司要求去另外一个部门，作为上司会感到很没有面子，"难道你就这么不愿意待在我领导的部门里吗？"他自然就不会顺顺利利地让小王去了，就算换了别人，估计也不会让小王就这么去别的部门工作。如果小王能够换个方式，找个没有旁人在场的时候和上级好好谈谈，向他表示：我很不愿意离开这个部门，我很想继续跟着您工作，但是我觉得自己对于这个工作是一个比较合适的人选，如果让我过去试试，我一定很感谢您对我的栽培。相信这样上司会很乐意让小王过去的，这样也不会伤和气。部长得面子，你得实惠，双方皆大欢喜。所以，在和上级交流时给上级留面子是很必要的。

> 小吴在某汽车公司工作，他是有名的老好人，也就是叫干什么就干什么的人，所以，他的上司们，不管是工长还是组长、车间主任，都把他支来支去。时间长了，他终于忍受不住了，一次，在经常支使他的上司都在的时候，对他们说："请问各位领导，究竟你们是章鱼还是我是蜈蚣。"几个领导一听，不对，这分明是话里有话，于是就问："谁得罪你了？"小吴笑了笑说："这样吧，我给你们讲个笑话：有一条章鱼，它十分苦恼，不为别的，只是为了自己生了八条腿，于是它便请教蜈蚣：老兄呀，你说你有这么多条腿，请问你是怎么安排它们的工作的？蜈蚣笑道：你真愚蠢，我从来就没有特意安排它们，只是任凭它们各司其职罢了。请问几位领导，我们是不是应该向蜈蚣先生学习呢？"几位领导一听，嘴里不说，心里都明白是怎么回事了，于是再也不像过去那样随意支使小吴了。

巧妙和上司沟通，并让他深刻理解你的难处，这是一种更加高超的语言艺术，用得好时，不但上司爱听并接受，也会对你的机智深表赞许，或许能为你将来的升迁增加不少印象分。下属与上司沟通，要讲究方法、运用技巧。学会和上司说话，是职场人士的一门必修课。掌握一套有效与上司沟通的本领，更容易赢得上司的信任，在职场上走得更加顺利！那么如何与上司沟通，才能获得支持，进而良好合作呢？

（1）尊重上级

尊重上级是你与上级沟通的前提。古语云："事上敬谨，对下宽仁。"下级对待上级要尊敬，上级领导不仅行使权力，也需要威信与影响力。对上级不尊重不是指无条件的盲从，也不是阿谀奉承，而是听从上司的指令，服从安排，按时完成上级交代的任务。对工作不拖拉，不偷工减料。当上司的意见与想法和自己的相冲突时，要以上司的意见为主，求大同存小异，尊重上司的决定，当面指责、争吵都是对上司的不尊重。上下级关系只是工作关系，人格上每个人都是平等的，没有上下之分。在必要的场合，表达自己不同的观点是正常工作程序，不必要因为对方是上级而胆小不言，这样反而会影响合作。但上司毕竟是上司，无论你的可行性分析和项目计划有多么完美无缺，你也不能强迫上司接受。你应该在阐述完自己的意见之后礼貌地告辞，给上司一段思考和决策的时间。即使上司不愿采纳你的意见，你也应该感谢上司倾听你的意见和建议，同时让上司感觉到你工作的积极性和主动性。

（2）了解上级

想要更好地与上级配合，就要了解上级。包括脾气、爱好和工作习惯。这样我们在沟通时才有更多的共同话题。了解了上司，从他的喜好谈起，渐渐进入主题，不仅能很快消除隔阂，还能拉近距离。对于爽快、干脆的上司我们说话可以单刀直入，但对于寡言、深沉的上司我们则要考虑循序渐进。上司因为管理的事情相对较多，一般都比较忙。与上司沟通要选择合适的时间，合适的机会，并做好充分的准备，把你准备与上司沟通的内容在心里作一个安排，再与上司沟通，这样就不会出现忽然断片的现象。

（3）服从并完成指令

与上司沟通大多时候都是在指令与汇报之间。在上司下达完命令之后，要将自己的记录进行整理，并简明地向上司重复以确认达到上司的要求，防止因为理解误会而导致错误。得到上司确认后，应该针对上司告诉你的某一计划或方案提出建议，阐述自己对这一项目的认识和分析，与上司一起商讨下一步行动计划，取得一致意见后再开始实施。实施过程要不断地向上级汇报工作进度，直到项目结束。经过你和部门同事的共同努力，终于完成了这项工作，你应该及时将此次工作进行总结汇报，总结成功的经验和其中的不足之处，以便于在下一次的工作中改进提高。同时不要忘记在总结报告中提及上司的正确指导和下属的辛勤工作。千万不要忽视对上司的肯定和感谢，这是沟通中重要的环节。不要以为只有下属才希望得到上级的表扬，上级同样需要肯定和赞美。

在当今社会，竞争激烈的职场中，个人的职业能力是企业的敲门砖，与上司良好地沟通，不仅能给自己营造一个良好的人际关系，还能为个人职业生涯带来很多好处。与上司良好的沟通能让上司及时了解你与同事的工作状况，可以针对出现的问题及时作出回应并想办法解决。在合作过程中不要居功自傲，不要以为上司没有出力，功劳都是自己的，更不要逢人必夸自己的能力，这是大忌。与上司谈话时，要采取委婉的语气，切不可意气用事，更不能放任自己的情绪。冲动之下从来都没有好言语，不要因为一时的冲动破坏了自己一直经营的人际关系。与上司交谈时，要有一个积极乐观的心态，向上司叙述重要事宜，或回答上司提问时，要目不斜视地盯着对方的眼睛，不但会增强语言的说服力，还会给上司留下精力充沛、光明磊落的印象。与上司沟通，要把握尺度，不能无原则地拉关系、套近乎，否则，会给人留下盲目攀高的印象。对上司提出的问题发表评论时，应当掌握恰当的分寸，轻易地表态或过于绝对地评价都容易导致工作的失误，是要付出代价的。对上司交办的事情，要慎重，看问题要有自己的立场和观点，不能一味地附和。如果你确信自己在某件事上没有过错，就应该采取不卑不亢的态度，在必要的场合，只要你从工作出发，摆事实、讲道理，也不必害怕表达出自己的不同观点，高水平的上司往往欣赏有主见的下属。

从级别上来说，上级是领导，需要绝对服从地执行；从工作上来说，上级也可能是你的伯乐，只要你愿意努力，他就会重用你；从合作上来说，上级是伙伴，需要相互支持、包容与理解。不管是哪种关系，都是以工作为基础，以良好的合作为中心点，所以良好的沟通是不可少的，有沟通才有和谐，有和谐才有事业的持续发展。

6. 沟通同事，化解工作矛盾

工作中的矛盾在所难免，特别是朝夕相处的同事之间，有误会有矛盾更是再正常不过的事情。但是如何及时化解工作上的误会和矛盾，就需要我们及时有效的沟通了。

与同事沟通，要多倾听对方意见、重视对方意见，要给对方留面子。

真正有远见的人都明白，要想获得同事的信赖和合作，不仅要在日常交往中为自己积累最大限度的"人缘儿"，同时也要给对方留有相当大的回旋余地。给对方留足面子，其实也就是给自己挣面子。所以言谈中少用一些"绝对肯定"等感情色彩太强烈的词，多用一些"可能""也许""我试试看"等感情色彩不强，褒贬意义不太明确的中性词，以使自己"伸缩自如"。如果你伤害了对方，让对方对你产生忌恨，那么更谈不上与你有好的沟通了。

要尊重对方劳动，要以平等的姿态与同事沟通，相信他的劳动是有价值的。同时我们也要相信别人获得的成绩是通过劳动获得的，不要眼红，更不可无端猜忌，应该在表示祝贺的时候，试着向人家靠近，学习人家成功的经验，这样才能提高自己。

沟通的时候要有协作意识，必须以大局的观点来沟通，不能只顾私利。想要得到别人的支持，首先要给对方提供支持协作，然后再要求别人配合。同时善用微笑和幽默。

工作中斤斤计较，喜欢占小便宜的人，只顾眼前利益，这样的人定会被同事讨厌，结果是占了小便宜吃了大亏。在工作中大度，实际是吃小亏，占大便宜。因为你赢得了更多同事的信任和尊重，当你需要别人的信任和帮助时，别人才会不遗余力地支持你。

如果与同事有矛盾，有误会，在沟通时就要注意消除误会，化解矛盾。第一，要注意有误会或矛盾不要拖，要及时沟通，马上沟通，越及时沟通矛盾越容易化解，越拖会越被动。有人被误会搞得焦头烂额，总觉得心中有难处，不好启齿，结果碍于情面，时间越拖越长，误会越陷越深，到最后无限制地蔓延，造成了令人极为苦恼的结果。所以，有了误会要迅速解释清楚。

同事间产生误会后，一方怒气冲冲，充满怨恨、敌视；一方满腹狐疑，委屈压抑，双方隔阂越陷越深，而且一谈即崩，大有新的误会接踵而来之势。这个时候更需要冷静和克制，必须下一番功夫内查外调，搞清楚对方的误解源于何处，否则，凭你费多少口舌，也不会解释清楚，搞不好，还会越描越黑，弄巧成拙。

误会和矛盾的类型千奇百怪，但解决的最简捷、最方便的方法便是当面说清，大多数人也都欢迎这种方法。有人由于懦弱，不敢当面对质，结果把问题搞得极为复杂。记住，如果有的误会需要亲自向对方作说明，你一定不要找各种借口推脱，一定要克服困难，战胜自己，想方设法当面说明。

第二，沟通时最忌急躁冲动，特别是有发生矛盾时，更不能冲动，要冷静和克制。一般来说自己以不冷静的态度待别人，别人就会以相同的态度反击你，这不利于问题的解决。另一方面，急躁冲动容易打乱人的正常思维，不利于正确地解决问题。在日常的社会交往活动中，会遇到千奇百怪的事情，出现各种各样的矛盾、各种各样的问题。遇到问题时，要善于控制情绪，如果失去控制，矛盾会更尖锐。所以不管遇到多恼火的事，情绪要冷静、镇定，才能处理好矛盾。

第三，要控制自我情绪，不能让自己的情绪扰乱沟通，影响沟通效果，这也不利于矛盾解决。出现矛盾或误会后，不必为自己辩解，总以为自己正确、有道理、不被理解。心中怀有委屈情绪的人，必定不愿开口向对方作解释。这种心理障碍妨碍彼此间的交流。此时，多替对方着想，无论他是气量小也好，心眼窄也好，不了解真相也好，不理解你的一番苦心也好，都不必去计较，只要你真诚地向他表明心迹，误会便会消除。比如你同朋友争论一个问题，当时有许多人在场。你本无意压他一头、让他当众出丑，但当时不能自制，说了许多过头的话，伤了他的自尊，使他误以为你在出风头，给他难堪，使他下不了台。事后，你应真诚地向他道歉，而不要怪罪对方小心眼，从而断绝来往，这样才能保持友谊。否则，你们就会因一次争论而导致关系破裂，由朋友而变成冤家了。

总之，有效沟通是解决冲突和误会的关键一步。沟通之前要营造氛围，然后以平和的态度诉说自己想要说的，千万不要指责对方，而是就事论事。倾听时要耐心，不要急着反驳对方，双方都要以冷静的态度聚焦于问题的解决，而不是继续纠缠矛盾。双方一起来分析矛盾，找到矛盾或误会产生的根源，并决定以后该怎么做，这样就能既解决当前的矛盾，又能为以后的合作打下基础。有利于团队的深入合作。

沟通的时候还有几个小技巧需要掌握。

（1）强调共同目标

团队内部的工作矛盾在所难免，但大家的出发点都不会差，都是为了达到共同目标，因而，在沟通时务必以共同目标为前提，来解决问题。这样，就可以避免个人利益影响沟通的效果。

（2）明确表达自己内心的感受

如果你觉得自己对对方确实很不满，那也不妨直接说出来。但要注意不可伤人，语气要委婉。如果对方谈到他的内心感受，要耐心倾听，并换位思考，这对于化解矛盾相当有用。

（3）说出自己的期望

这样可以使对方明确地思考以后如何做的问题，对以后的合作会大有益处。

（4）达成一致

当沟通充分，误会消除之后，一般都会言归于好，但双方一定还要就以后的合作达成一致，以真正消除芥蒂，利于以后的合作。切忌沟通不畅，导致表面似乎消除了误会，实际上心里还是介怀的，这样对于以后是极为不利的。

（5）以大局为重，多补台少拆台

矛盾和误会发生后，即便未能消除，也一定要以大局为重，互相支持而不是互相拆台。一些人明知道同事存在一些缺点却不当面指出而是对着外人评头论足、挑毛病，甚至恶意攻击，影响同事的外在形象，长久下去，自己也成了与同事相同的人。这是拆同事的台，也损害了自己的形象，于公于私都不利。拆了同事的台，自己的台也就不在了，那么合作也会失败。当自己成为孤家寡人时再来后悔已经来不及了。

（6）对待分歧，要求大同存小异

同事之间由于经历、立场等方面的差异，对同一个问题，往往会产生不同的看法，引起一些争论，一不小心就容易伤和气。避免伤和气的办法就是冷静、换位思考。过分的争论只会让矛盾激化，不如冷静下来找到矛盾的根由，争取求大同存小异。这种做法不是认输，而是大气，是以集体利益为重。不放弃自己的立场，但不与他人争面子。好胜带来的并不一定是真胜，容得下他人，理解他人才是最好的沟通方法。

一个合作团队中的矛盾不可能大到政治立场上，一般都是工作上的分歧所产生的小矛盾，公平公正地看待这些矛盾，对事不对人，不去纠结谁是谁非，真诚地与对方沟通，然后找到调和的办法就很容易化解这些矛盾。

第四章

提升士气，营造团队合作的强大气场

团队作战，士气很重要。因而要善于营造团队合作的气氛，引爆团队成员的激情，让每一个团队成员都热情洋溢，从而创造出团队合作的奇迹。这是团队领导者的重要任务，也是每一个团队成员的任务。

1. 聚集正能量，激发高昂的士气

"正能量"指的是一种健康乐观、积极向上的动力和情感，是社会生活中积极向上的行为。我们每个人身上都有正、负两种能量，正能量多过负能量，个人以及社会才能不断进步。拥有正能量的人就像一颗面朝太阳，永不言弃的向日葵。"无论多高多大，永远不会忘记自己的来处。"这就是向日葵的精神。它们带着太阳的热度，带着一种永不言弃的执着，傲然地活在这个世界，不卑不亢，不折不挠。"一个人最大的破产是绝望，最大的资产是期望。"负能量太多的人，一生都在失望和绝望中挣扎，一个人不能有太多的负能量，否则会没有生命力，失去希望，失去动力。

但是随着竞争日趋激烈，来自各方面的压力让职场人无处躲藏，越来越多的负能量占据着心田，让人无法摆脱。一些人甚至因为这些负能量的影响而失去了工作，茫然不知所措。可见如果不及时调整远离那些负能量，就有可能被它纠缠，久而久之，生活处处都是壁垒，精神状态压抑，严重的会患上心理疾病，耽误自己的一生。

工作中有哪些负能量会直接影响我们？

(1) 消极

职场上积极的人总是信心满满，对任何事情都抱着必胜的决心，他们在工作中也少有阻碍。而消极的人总是看不到未来，他们患得患失、浑浑噩噩，不明白自己在做什么，为什么而做？他们内心脆弱，经不起风吹雨打，受不得半点人生挫折。工作中他们墨守成规，不敢创新，不愿挑战。他们不期望有多大的工作成绩，也不指望能升迁发财，过一天算一天。一个团队中如果有这种人存在，会影响到他人的发展。我们信心百倍地加入到团队中来，希望成就一番事业，就一定要对自己负责，对团队负责，远离消极的负能量，让自己对工作充满信心，对团队充满信心，相信通过努力，梦想一定会实现。

(2) 浮躁

快节奏的生活和如山的压力让一些职场人开始浮躁不安。他们急于表现出非一般人的能力与本领，却又往往事与愿违；面对身边一个个比自己更有成绩的同事，他们焦急却又无可奈何，于是他们产生不安和危机感。其实消除浮躁很简单，那就是放低自己，从简单的事情做起，踏实认真地做好每一件事，抛开好高骛远，把小事做好，把工作负责到底，让自己小有成就，在成就中鼓励自己，获得更多的信心。

(3) 过多的抱怨

抱怨是职场上最多也是最常见的负能量。一些人总是因为各种小事对目前的状况心怀不满。抱怨工作太重、时间太长、工资太低、老板太严、同事太烦……凡是他们看不惯的不喜欢的都要抱怨一番。抱怨的结果就是自己越来越反感，越来越觉得委屈，导致恶性循环，让自己一身怨气。不停地抱怨不仅会让自己心情郁闷，只会影响身边的人。经常抱怨的人会让同事们反感，所以人脉很差，人脉差又导致工作中成了孤家寡人，工作起来更是困难重重。过多的抱怨根本不能改变现状，只会徒增烦恼。"既然不能改变，那就去适应。"改变不了别人我们就改变自己。改变自己对工作的态度，改变对别人偏激的看法，向工作积极的人靠近，并学习他们的精神，吸收正能量。忘记抱怨，生活就会大有改观。

(4) 自卑

一个人的自卑感是一种不能自助的复杂情感。有自卑感的人轻视自己，认为无法赶上别人，一遇到有错误的事情就以为是自己不好。这样导致他们失去与人交往的勇气和信心。克服自卑心理就不要怀疑自己、贬低自己，寻找一切机会肯定自己，增加自己的信心。当与别人交往时，不要总以一种仰视的角度去看对方，在心底里告诉自己，没有什么的，大胆地正视对方的眼睛，坦然、大方地与别人交流，从而获得别人的肯定与尊重，找回积极向上的信心。许多心理学家认为，人们行走的姿势、步伐与其心理状态有一定关系。懒散的姿势、缓慢的步伐是情绪低落、自卑的表现。是对自己、对工作以及对别人不愉快感受的反映。那些遭受打击、被排斥的人，走路都拖拖拉拉，缺乏自信。时刻记住，挺胸阔步也是一种增强信心的好办法。

(5) 嫉妒、攀比

嫉妒别人也是缺乏自信和安全感的一种表现。因为嫉妒他人，希望超过他人来挽回"面子"，从而产生一种无端的攀比心理。比如同事今天得到上司的表扬，你可以在心里告诉自己，这没什么，是他努力的结果，自己继续努力，同样可以得到这样的殊荣。同事新买了车、买了房，都不用去攀比，各人都有难处，各人都有幸福。每个人的生活标准与幸福感受不一样。不用把别人拿来当镜子，做最好的自己，做最受欢迎的同事就够了。不甘落后是一种积极向上的思想，但是过于攀比，把不甘落后当成攀比的幌子便会让自己变得盲目、不知所措。嫉妒只会让自己心中的怒火越烧越旺，最后被焚尽的是生活的美好。

团队里的负能量，对团队士气的影响巨大。所以要提升士气，就要尽可能地避开负能量，聚焦正能量。下面为大家解读 4 种能激发员工正能量的心理学效应。

(1) 多鼓励工作热情高

聚焦团队正能量，多鼓励是很有必要的。因为鼓励会带给团队成员一种激昂的情绪、一种积极乐观的工作态度，这有利于营造良好的团队工作氛围。

美国著名心理学家罗森塔尔曾做过这样一个实验，他将一群小白鼠随机分成A、B两组，并告诉饲养员，A组老鼠很聪明，B组老鼠智力一般。几个月后，罗森塔尔对这些老鼠进行迷宫测试发现，A组老鼠比B组能更快地走出迷宫。对此，罗森塔尔深受启发。他又来到一所普通中学，在学生名单上随机圈了几个名字，告诉老师这几个学生的智商很高。一段时间后，奇迹发生了，这几个随机选出来的学生因为受到积极的心理暗示，成绩显著上升，成了班上的佼佼者。

每个人都会被自己喜欢、钦佩的人所影响和暗示。如果常受到信任、赞美等积极暗示，人们会由此获得向上的动力，尽力使自己达到对方的期待。不过，"说你行，你就行，不行也行"的简单做法很难有效。管理者一定要相信下属的能力，给他们支持、鼓励和温暖的氛围。比如，在交办任务时，不妨说："我相信你一定能办好、困难是有，不过你肯定会有办法的……"这样，下属就会朝你期待的方向发展。反之，如果上司总是对员工大喊"笨蛋""这么简单的事都做不好"之类的话，那他手下的员工就真可能变成笨蛋。

值得注意的是，积极心理暗示只能起到画龙点睛的作用，团队领导者是否有足够的掌控力、任务是否在下属的能力范围内、员工会不会尽力等因素都应该考虑到。比如，对于新员工，领导者可以对其成长的过程给予关注和肯定；对于容易出现职业倦怠的老员工，要在鼓励他们挑大梁等方面提出更高的期望，让他们觉得公司依然需要自己。

(2) 用奖励激发成就感

心理学家德西曾讲过这样一个寓言。

一群孩子在一位老人家门前嬉闹，让老人难以忍受。老人想了一个办法，他给每个孩子10美分，对他们说："你们让我觉得自己年轻了，这点钱表示谢意。"孩子们很高兴，第二天又来了，但老人只给他们5美分。第三天，孩子们只得到2美分，令他们大怒，"一天才2美分，知不知道我们多辛苦！"他们发誓，再也不会为老人而玩了。

为什么会这样？因为这位老人将孩子的内部动机"为自己快乐而玩"变成了外部动机"为得到奖赏而玩"，他通过操纵外部因素掌控了孩子的行为。所以正确的奖励对于激发工作的热情是相当重要的。

心理学家分析认为，能促使员工奋斗的动机一般有四种：外在动机，如加薪或补助；内在动机，即对任务本身感兴趣；成就动机，如工作受肯定；社会动机，如获得人际肯定和支持。因此，加薪不是唯一的激励手段，比如国际商业机器（简称IBM）公司就有一句宣言：加薪非必然。

美国一项针对5388名员工的研究发现，如果员工能预见到2年内有晋升的可能，那他们会有更好的表现和满意度，效果相当于薪酬提升了69%。可见明确的职业发展空间，能大幅度提升员工的职场幸福感。

这方面日本企业是做得不错的，他们"以公司为家"的企业文化值得借鉴。日本公司有年功序列工资制，即工资随着资历（年龄、工龄和学历等）逐年稳定上涨，其中保障性的基本工资约占65%，绩效工资占25%，补贴占10%；二是终身雇佣制，不仅给员工安全感，还促使员工与企业之间形成"一损俱损，一荣俱荣"的共同利益关系，增强员工的归属感；三是企业工会制，即除管理层以外的所有职工都是工会成员，工会在劳资之间起到缓冲作用，尽量满足员工的需要。

团队管理者也应当多给员工一些奖励，以增强他们的内在成就感，激发成就动机。但过于频繁的表彰和评比活动并不可取，尤其不能为了照顾某些人的情绪，拿表彰送人情。只有对那些一般人难以做到，或需要员工"踮着脚才能够着"的任务，才能用物质奖励。

（3）情感管理

人非草木，孰能无情，人都是有感情的，而且感情也是最容易打动人心的。所以利用情感管理是激发士气的有效途径。比如有的团队为了留住老员工，除提供升职加薪的机会外，还会把关心员工生活、帮助解决员工困难、给员工情感慰藉等，作为重要的管理手段，让员工能有一种归属感，从而激发出内心的工作热情。情感管理可以体现在各个管理细节之中,如真诚地对员工说声"辛苦了""谢谢";对员工的创新点子由衷地赞美一声"这个主意太妙了";甚至是拍拍下属的肩膀,或给一个信任的眼神、分享下属成功时的拥抱、一张鼓励的便条,都能给下属带来极大的信任感和满足感,从而更加用心地工作。再如及时回复下属的邮件、在下属的生日或纪念日时,打个电话,或送一件小礼物,或发一条简短而且温情的短信,多开展一些无拘无束的郊游或团队聚会等,都是情感管理的方式,能大大提升员工的归属感。

（4）认真听取员工的意见

人是社会的人,有归属感和受尊重是高级心理需要,满足人的这些需求,才是调动其积极性的关键。所以,管理者不妨多倾听员工的心声,这会让员工有一种被认同被肯定的感觉,因此,比起开高薪来说,懂得倾听,让员工获得归属感更能激发员工的工作热情。

每个人的心理都潜藏着巨大的正能量,如果能够正确使用这种能量,对成就人生就会有无限的动力。一个好的团队是不存在太多负能量的。即使偶尔会有负能量,也会被巨大的正能量冲散。一个缺乏士气的员工,工作没有热情,得过且过、敷衍塞责,抱着"当一天和尚撞一天钟"的消极心态在单位混日子,最终成为单位的累赘或毒瘤,会被踢出团队,而一个满怀热情,士气高昂的员工,即使能力不出众,也会受到众人的喜爱,成为聚集正能量的中心点,带动团队成员的积极性。这样团队也会因你的存在而更容易成功。

2. 培养合作意识,爆发自己的能量

作为团队的一员,合作意识是在团队立足、并助力团队发展的重要素

质。因而每一个团队成员都应当有合作意识,为团队奉献自己的力量。

合作意识是指个体对共同行动及其行为规则的认知与情感,是合作行为产生的一个基本前提和重要基础。善于合作,不仅能从工作中找到乐趣,也能从生活中找到乐趣。作为一个职场中人,尤其是一名管理者,一定要明白一个道理,只有与团队中的每个人愉快合作,才能达到公司的要求,实现团队目标。如果没有合作意识,一意孤行,必定不会得到公司的重用。因为即使你能力再强,也不可能强过一个团队,你的一意孤行除了会制约团队的发展,对公司没有任何好处。

合作意识不是背条条框框或者通过讲座和讨论来培养的。而是需要管理者在工作中与上司、下属交往,为达到目标而分享成果和责任的过程中培养起来的。培养合作意识,就要从各方面严格要求自己,集聚团队力量,与团队成员一起共进退,共分享。领导与团队成员的区别就在于领导要负更多的责任,肩上的担子更重,需要管理的事情更多。只有把自己真正融入到集体中来,以一名合作者的身份,付出更多,承担更多才能爆发自己的能量,并影响团队中的每个人,以最大的热情真诚合作,我们团队才能具有无限的竞争力。

拥有一支卓越的团队,就会更接近成功,而成功的前提就是有良好的合作。培养合作意识要从以下方面入手。

(1) 尊重他人

团队是由不同的人组成的,每一个团队成员首先是一个追求自我发展和实现的个体人,然后才是一个从事工作、有着职业分工的职业人。虽然团队中的每一个人都有着在一定的生长环境、教育环境、工作环境中逐渐形成地与他人不同的自身价值观,但他们每一个人也同样都有一种被尊重的需要,不论其资历深浅、能力强弱。尊重,意味着尊重他人的个性和人格,尊重他人的兴趣和爱好,尊重他人的感觉和需求,尊重他人的态度和意见,尊重他人的权利和义务,尊重他人的成就和发展。尊重,还意味着不要求别人做你自己不愿意做或没有做到过的事情。当你不能加班时,就没有权力要求其他团队成员继续"作战";尊重,还意味着尊重团队成员有跟你不一样的考虑，或许你喜欢工作到半夜，但其他团队成员也许有他们自己的事情可以做。只有团队中的每一个成员都尊重彼此的意见和观点，尊重彼此的技术和能力，尊重彼此对团队的全部贡献，这个团队才会得到最大的发展，而这个团队中的成员也才会赢得最大的成功。尊重能为一个团队营造出和谐融洽的气氛，使团队资源形成最大限度的共享。而如果一个团队中的每一个成员都能够将彼此的知识、能力和智慧共享，那么，这对整个团队以及每一个成员来说，无疑是一笔巨大的财富。

（2）学会欣赏、懂得欣赏

很多时候，同处于一个团队中的工作伙伴常常会乱设"敌人"，尤其是大家因某事而分出了高低时，落在后面的人很容易出现妒忌心理。所以，每个人都要先把心态摆正，用正确的目光去看看"假想敌"到底有没有长处，哪怕是一点点比自己好的地方都是值得学习的。欣赏同一个团队的每一个成员，就是在为团队增加助力；改掉自身的缺点，就是在消灭团队的弱点。欣赏就是主动去寻找团队成员的积极品质，尤其是你的"敌人"，然后，学习这些品质，并努力克服和改正自身的缺点和消极品质。这是培养团队合作能力的第一步。

（3）虚心学习

三人行，必有我师。每一个人的身上都会有闪光点，都值得我们去挖掘并学习。要想成功地融入团队之中，善于发现每个工作伙伴的优点，是走进他们身边、走进他们之中的第一步。适度地谦虚并不会让你失去自信，只会让你正视自己的短处，看到他人的长处，从而赢得众人的喜爱。每个人都可能会觉得自己在某个方面比其他人强，但你也应该将自己的注意力放在他人的强项上。因为团队中的任何一位成员，都可能是某个领域的专家。因此，你必须保持足够的谦虚，这种压力会促使你在团队中不断进步，并真正看清自己的不足之处。总之，团队的效率在于每个成员配合的默契，而这种默契来自于团队成员的互相欣赏和熟悉——欣赏长处、熟悉短处，最主要的是扬长避短。如果达不到这种默契，团队合作就不可能真正成功，团队成员的个人前途也将渺茫。

（4）豁达宽容

雨果曾经说过："世界上最宽阔的是海洋，比海洋更宽阔的是天空，而比天空更宽阔的则是人的心灵。"这句话无论何时何地都是适用的，即使是在职场之上，宽容仍是能让你尽快融入团队之中的捷径。宽容是团队合作中最好的润滑剂，它能消除分歧和矛盾，使团队成员能够互敬互重、彼此包容、和谐相处、从而安心工作，体会到合作的快乐。

团队成员间的相互宽容，是指容纳各自的差异性和独特性，以及适当程度的包容，但并不是指无限制地纵容，一个成功的团队，只会允许宽容存在，不会让纵容有机可乘。宽容，并不代表软弱，在团队合作中它体现出的是一种坚强的精神，它是一种以退为进的团队战术，为的是整个团队的大发展，以及为个人奠定有利的提升基础。首先，团队成员要有较强的相容度，即要求其能够宽厚容忍、心胸宽广、忍耐力强。其次，要注意将心比心，即应尽量站在别人的立场上，衡量别人的意见、建议和感受，反思自己的态度和方法。

（5）平等

当每一个团队成员都处于相同的起跑线上时，他们之间就不会产生距离感，他们在合作时就会形成更加默契、紧密的关系，从而使团队效益达到最大化。

（6）信任

团队里如果连起码的信任都做不到，那么，团队协作就是一句空话，绝没有落实到位的可能。人们在遇到问题时，会首先相信物；其次是相信自己和自己的经验，最后，万不得已才相信他人。不能相互信任在团队合作中是大忌。团队是一个相互协作的群体，它需要团队成员之间建立相互信任的关系。信任是合作的基石，没有信任，就没有合作。信任是一种激励，信任更是一种力量。团队成员在承受压力和困惑时，要相互信赖，就像荡离了秋千的空中飞人一样，他必须知道在绳的另一端有人在抓着他；团队成员在面临危机与挑战时，也要相互信任，就像合作猎捕猛兽的猎人一样，必须不存私心，共同行动。否则，到最后，这个团队以及这个团队的成员只会一事无成、毫无建树。现代社会的发展，使职业分工越来越细，一个人单打独斗的时代已经过去，越来越需要集体的合作。个人的能力再强、工作做得再出色，也不能离开团队这个大的氛围。因此，团队成员只有相互信任、主动做事、乐于分享，才能共同成长，共达成功的彼岸。信任，是整个团队能够协同合作的十分关键的一步。如果团队成员彼此间没有充分的信任，交流就很难发生，就会丧失彼此合作的基础，整个团队也势必形同散沙，毫无力量可言。

　　高效团队的一个重要特征就是团队成员之间相互信任。也就是说，团队成员彼此相信各自的品格、个性、特点和工作能力。这种信任可以在团队内部创造高度互信的互动能量，这种信任将使团队成员乐于付出，相信团队的目标并为之付出自己的责任与激情。如果你不相信任何人，你也就不可能接纳任何人。根据团队交往的交互原则，你不信任别人，别人也就不会信任你；相反，你以坦诚友好的方式待人，对方也往往会以同样的方式待你。信任是缔造团队向前的动力，它同时也是团队成员对自身能力的高度自信。正是基于这种自信，他才会将自己的信任和支持真正交付给自己的合作对象。所以，若想获得最大的成功，就必须让自己拥有这份自信！

　　当然，培养合作意识也需要团队领导者的努力。俗话说"兵熊熊一个，将熊熊一窝"，一个没有合作意识的管理者是带不出一支优秀的团队的。要培养合作意识就要把团队中的每位成员当成知心朋友一样对待，包容他们的缺点，欣赏他们的优点，与他们打成一片，让他们感受到你是他们的支柱也是他们的领头羊，让他们愿意以你为中心，各负其责，又相互扶持。这样的团队，能量是无限的。

3. 激情成就梦想，让激情在团队内流淌

激情是工作的灵魂，是企业活力的源泉，是一个人能否成功的重要因素。没有工作激情，就没有了斗志，没有了目标，没有了动力。激情不仅释放潜在的巨大能量，还能发展出坚强的个性；凭借工作激情可以让枯燥的工作变得生动有趣，可以使自己充满活力，培养对事业的狂热追求；对工作的激情也可以感染周围的同事，让他们理解你、支持你，从而拥有良好的人际关系；有激情的员工可以获得老板的重用和提拔，赢得更多的机会；有激情的领导会成为员工的榜样，带动他人的积极性。激情不是万能的，但没有激情是万万不能的！让激情在团队内扩散、流淌、传递是一个领导者的职责，也是领导者成功的前提。一个团队的管理者是一个充满激情的人，那么他的团队也会充满了激情。激情不是来自他人，而是来自自己内心对工作的热爱。

可以说每个初入职场的人都是对工作充满了激情的，但是随着时间的推移，日复一日重复并没有显著成效，于是工作变得枯燥乏味，一些人渐渐失去了工作激情，变得机械上下班，机械完成任务。有的甚至遇到困难就想换个工作环境，有待不下去的感觉。工作激情就像被封闭般再也出不来。如果不及时调整心态，将会严重影响工作，尤其是作为管理者，一旦有了这种心态，不仅会让自己工作越来越糟，还会使自己的团队快速走下坡路。激情就像是一件易碎品，需要你的维护和维修。但是现实确实不如我们想象的那么简单，如何在枯燥的工作中找到乐趣，保持长久的工作激情，是管理者与员工需要共同学习的。

(1) 始终保持一种乐观情绪

精神状态是可以互相感染的，如果你每天都以最佳的精神状态出现在办公室，你的同事一定会因此受到鼓舞，你的热情会像野火般蔓延开来。你团队的工作就有效率而且有成就。工作中不可能一切都顺利，每个人都有可能遭遇坎坷、工作障碍的时候，没有困难和磨难的人生并不完整，也是无趣的。如果我们能在逆境中保持乐观的情绪，从不同的角度去享受人生中的种种快乐与不快乐，我们就会对工作激情不变，对自己的信心不变。一个意志坚强的人，不管来自何方的压力与困境都能够承受，并通过自己的努力做出改变。同时他们会把这些困难作为自己的机会，去挑战，去赢得胜利，在胜利中笑看人生美好，在微笑中继续拥有工作激情。

> 史密斯是一个汽车清洗公司的经理，这家店是12家连锁店中的一个，生意相当兴隆，而且员工都热情高涨，对他们自己的工作表现得很骄傲，他们也都感觉生活是美好的……但是史密斯来此之前不是这样的，那时，员工们已经厌倦了这里的工作，他们中有的已经打算辞职，可是史密斯却用自己昂扬的精神状态感染了他们，让他们重新快乐地工作起来。史密斯每天第一个到达公司，微笑着向陆续到来的员工们打招呼，把自己的工作一一排列在日程表上。他创立了与顾客联谊的讨论会，时常把自己的假期向后推迟……在他的影响下，整个公司变得积极上进，业绩稳步上升，他的精神状态影响了周围的一切，老板因此决定把他的工作方法向其他连锁店推广。

从这个事例我们可以看出，一个团队的成功与管理者的工作激情是分不开的。如果这位经理也和其他员工一样，没有工作激情，丧失信心，这个清洗公司或许早就不存在了。正是因为了有了激情高涨的管理者，员工们的激情才能被激发起来，团队中流淌着激情，工作哪有不成功之理？

(2) 学会给自己解压

长时间地在某一环境下工作，人很容易成为技术娴熟的工作骨干，但日复一日地重复相同而琐碎的事务，就有一种疲惫的感觉。再加上管理者要做到上下沟通，对上要有好的交代，对下要宽容包涵，有时还两面不讨好。这样就很容易会有一种无助感，从而导致工作情绪低落，深感压力山大。逆境中遇到的困难可能使你举步维艰，甚至有撑不下去的念头。这时你需要为自己解压，释放自己，找到一个合适的出口，让自己清除烦恼，找回信心，重燃激情。解压可以有很多方法，比如找一个最知心的朋友倾诉，从他那儿吸取正能量，以抵消自己的负能量；可以做一次挥汗如雨的运动，让自己所有的烦恼与怒气都随着汗水挥发；可以听一首歌，让自己心归平静。把一切事情从头再想一遍，找到合适的处理方法，你会发现，原来事情没有你想的那么困难。情绪低落是很正常的一种心理状态，只要我们正确把握，不让它蔓延得太深太久，都不会影响到自己的工作。一旦出现情绪低落，我们一定要告诉自己，带好团队是自己的使命，只有自己保持百分百的工作激情，才能让团队获得生机。明确自己要实现一定的价值，就能在心理上产生前进的动力，于是就又有了工作激情。

（3）记得表扬自己

作为管理者，当下属工作出色的时候一定会发自内心地表扬与赞美。但是很多人却忽略了对自己的表扬。表扬自己是对自己工作肯定，让自己保持工作激情的一个重要手段。当工作小有成绩、得到上司肯定的时候，一定要在心里为自己打气，表扬自己取得了阶段性的成绩。给自己买一本好书、做一顿丰盛的晚餐、与朋友分享自己的成果，都是表扬自己的方式。肯定自己是让自己以后更加努力，也是让自己更有信心。就算没有成绩，也没有上级的肯定，但对自己的不懈努力，也应该表扬。团队稳步发展，跟自己的付出是有直接关系的。表扬自己不是让自己骄傲，也不是让自己与他人比成绩，而是让自己的激情更旺，对待工作更愿意努力，对困难更有战胜的信心。

（4）在工作中找到乐趣

当你把大家都认为很难的事情办好；当你战胜了自己的怯懦完成了任务；当你的团队因为你的引导而一团和气；当你的员工因为你的存在而打

消了离职的念头,你会是什么感受?当然是快乐的。工作的乐趣来自日常的点点滴滴,只要你愿意寻找,总有让你快乐的理由。有了工作乐趣,激情就自然会高涨,而你的激情会带动团队中的每位员工,让整个团队都流淌激情,成就梦想。

4. 引入竞争,激发员工的斗志

员工在同一个岗位上工作了比较长的时间后,就会产生厌倦感,工作效率和质量就明显打折扣。上进心强的员工因为周围都是些混日子的同事不得不重新选择单位,而那些留下来的,也只是为了赚钱维持生计而工作。这种现象一是造成企业人才的流失,二是会严重影响企业的发展,这是管理者的失职。作为团队的管理者,要激发员工的斗志,让员工时刻保持新鲜的活力,为企业的发展着想,为企业的明天而奋斗。

激发员工斗志的最好办法就是引入竞争。竞争可以让员工找到自我价值,实现满足感与需要感。竞争可以让员工自愿加强学习,以不甘落后的精神工作。一个岗位分配、一个项目的实施、一个企划案的落实等都可以通过竞争的方式来让每个员工参与。想要把团队中每个人的想法都统一是不可能的。但让大家明白良性竞争可以促进发展,增加知识,增强活力是完全可以的。员工是为企业创造价值的主力,公司想要持续发展和壮大,离不开员工的倾力奉献,所以激发员工的斗志和热情,是领导的核心任务之一。

挪威人喜欢吃沙丁鱼,尤其是活鱼。市场上活鱼的价格要比死鱼高许多。所以渔民总是想方设法让沙丁鱼活着回到渔港。可是虽然经过种种努力,绝大部分沙丁鱼还是在中途因窒息而死

合作思维：从单兵作战到合作共赢的工作新逻辑

亡。但有一条渔船总能让大部分沙丁鱼活着回到渔港。船长严格保守着秘密。直到船长去世，谜底才被揭开。原来是船长在装满沙丁鱼的鱼槽里放进了一条以沙丁鱼为主要食物的鲶鱼。鲶鱼进入鱼槽后，由于环境陌生，便四处游动。沙丁鱼见了鲶鱼十分紧张，左冲右突，四处躲避，加速游动。这样沙丁鱼缺氧的问题就迎刃而解了，沙丁鱼也就不会死了。这样一来，一条条沙丁鱼活蹦乱跳地回到了渔港。这就是著名的"鲶鱼效应"。

鲶鱼效应是企业领导层激发员工活力的有效措施之一。具体包括竞争机制的建立、能人的启用、领导风格的变革等。当一个组织的工作达到较稳定的状态时，常常意味着员工工作积极性的降低，"一团和气"的集体不一定是一个高效率的集体，这时候"鲶鱼效应"将起到很好的"医疗"作用。一个组织中，如果始终有一位"鲶鱼式"的人物，无疑会激活员工队伍，提高工作业绩，尤其是竞争方面，当大家都渴望得到某个岗位或者某份荣誉时，就会向着目标要求自己，努力工作，表现良好。管理者也可以借机不断提醒员工，消除小富即安、不思进取的思想状态。危机意识是每个企业员工都应该保持的基本意识，这一点同时适用于企业的高层领导者。消除危机感就要不断地挑战自己，在竞争中赢得胜利。管理者可以制订绩效考核制度，以其为手段，激发员工内部的创新与竞争意识，关注员工绩效水平，对于绩效突出的员工给予一定方式的嘉奖。除了物质激励，也可以有精神激励，比如内部通报表扬，让其他员工向其学习。在小组中也可以举办一些"力争上游""争创先进"的竞争活动。团队内部的晋升制度，是激发员工对企业归属感和奋发向上斗志的手段之一，有了短时间内的目标，员工会更有动力，更加自觉地严格要求自己，从而形成良好的竞争氛围和工作氛围。

引入竞争，可以让员工之间找到竞争中的乐趣、竞争后的友谊。能够一起竞争的大多是实力相当的人。能够一起为了把某一项工作做好而相互帮扶，面对困难，克服困难，把个人的力量做不到的事情做到完美，这是竞争后的最大收获。一个人能力再强，也不会强于一个团队，所以当合作成功以后，工作中的竞争可以让员工认识到团队的力量，合作的意义和竞争的提升。通过竞争，可以从对手那里学到他们的长处，让自己快速提高。在各种各样的竞争面前，员工若想获得生存与发展，只能在竞争中增强你自己的实力，否则就只能等着被别人遗弃。管理者要让团队中的每个人都明白竞争是社会获得进步的必然趋势，无法回避，想要在企业中生存，在团队中立足，就要树立竞争意识，通过竞争来激发自己的斗志，挖掘自己的潜力，让能力说话，让成绩说话。

尽管竞争也有比较多的好处，但是管理者还是要正确引导员工，让员工有良性竞争意识，确保竞争有效。那些恶性的、不公平的竞争，甚至是不光明手段下的竞争对企业是有损害的，绝对不能让其萌发。竞争使人产生进取的意识。每个人都有自己的追求与目标。当一个岗位势在必得的时候，他会尽一切努力做好自己，让上司承认自己的能力，让同事相信自己会做得很好，以求得到更多的支持；当想要得到一份荣誉的时候，他同样会把心中认为最美好的一面展现给大家，努力向荣誉所要求的靠拢，直至得到认可。这些思想过程伴随的是无穷的斗志，表现在工作中就是无限的能量和激情。做好本职工作，帮助同事或者得到同事帮助，都是日常工作中最常见的斗志之一。有了斗志，才会有更多的精力，才会愿意付出这样多，不计较，不抱怨，甘心做最认真、最努力的那一个。为了取胜，就必须努力工作，你的斗志会更加昂扬，自信心会更加增强。通过竞争取得了胜利，胜的堂堂正正，理直气壮，激情更加浓厚，即使是竞争失败了，输得堂堂正正，心服口服，在人格上也不会把自己丢掉，心态上也就呈常态。通过竞争胜利得到的权力，可以大胆地行使，安心地享受；通过竞争得到的业务，也可以心情舒展自己的才能，不用担心失败和同事的对，斗志昂扬。

正当的竞争会促进和谐，提升员工素质、提高业务水平。只要管理者把握好竞争的度，不让竞争偏离正确的轨道，一切竞争都是有利的。

5. 树立模范标兵，唤醒员工的荣誉感和使命感

模范、标兵都是指工作中值得学习与效仿的榜样。也就是我们行业中的先进人物。树立模范标兵，对于员工来说具有很强的示范、辐射、传承作用。无数实践证明，与自身的直接学习相比较，向榜样学习的效果要高得多。模范标兵在队伍中起着不可忽视的作用。从"高炉卫士"孟泰、"铁人"王进喜到"蓝领专家"孔祥瑞、"金牌工人"窦铁成、"新时期铁人"王启明，一批又一批劳动模范标兵激励着我们不断前进创新。自1963年3月毛泽东同志提出"向雷锋同志学习"以来，中国大地掀起一浪又一浪学习高潮，人们以雷锋精神为榜样，以雷锋形象为骄傲，学习他，效仿他，以他的行为为准则。可见一个人的模范行为会唤醒他人的使命感。树立模范标兵，号召员工向他们学习，这对于一个团队的工作热情来说，无疑是大有帮助的。员工有了集体荣誉感与使命感，就会视企业如家，视工作为事业，会有更多的热情。榜样的力量是无穷的，企业的每一名先进人物都是一面旗帜、一个标杆、一个火车头，用典型带队伍是基本的工作方法。丹麦有句名言："好榜样就像把许多人召集到教堂去的钟声一样。"人们会受他的吸引与召唤，向他一步步走近。

一个企业，一个团队中，绝大多数员工都是上进的，他们不甘落后，希望有所成绩。如果有了榜样引领方向，员工就会朝着这个方向前进。社会上每个人都有成就事业的愿望，每个人都渴望受到他人的尊敬，只是有的人在经过一段时间的努力后迷失了方向，不知何去何从，还有一些人因为缺乏意志，很难坚持在这条道路上不懈地走下去，这样才有了企业中各个层次的人。努力的人总是站得比他人高，而那些模范标兵更是吸引了众

人的目光,受众人仰视,尊敬和崇拜。在企业如果树立一个好的榜样,不仅能够引起人们在情感上的共鸣,给员工以鼓舞、教育和鞭策,还能够激励起员工的效仿和学习的愿望。人总是存在攀比心理的,一个员工看到一个跟自己在各个方面水平差不多的员工受到了表彰或者得到晋升,而他的工作性质与自己相同或者相差不大,很容易从他身上看到自己的影子,就会不由自主地向他学习,以他为榜样,希望自己有一天也能成为这样拥有无限荣誉的人。这就是模范标兵所起的作用。一方面,这些榜样员工都具有很强的工作能力,能够指导和帮助其他员工,另一方面,这些榜样员工能够在自己的周围形成一种良好的工作氛围,这样的榜样可以促使其他员工主动自发地努力工作。作为管理人员,要积极发现队伍中的这种人才,积极引导员工。

  在树立模范方面,玫琳凯公司堪称楷模。玫琳凯公司总部的大厅里挂的不是公司的座右铭,也不是创始人的头像,而是那些在全国各地的玫琳凯分部取得优秀成绩的员工的相片。从1969年开始,每年年底,玫琳凯都会送出一批粉红色凯迪拉克轿车给业绩前5名的美容顾问(美国是粉红色凯迪拉克,中国还有粉红色别克、桑塔纳等)。这种"带轮子的奖杯",不仅让金牌美容顾问自豪不已,也成为玫琳凯公关宣传的流动载体。业绩一流的销售主任,每年可以携带家眷到香港、曼谷、伦敦、巴黎、日内瓦、雅典等地进行海外豪华游;年度竞赛的优胜者,会被盛情邀请参加达拉斯之旅,到玫琳凯总部去"朝圣"。玫琳凯各地区分公司每周的例会上,都会有这周最佳销售人员成功经验的叙述和分享,这是一种别样的赞美。主持人在介绍最佳销售员时,每一个美容顾问都会毫不吝啬自己的掌声。每位美容顾问在第一次卖出100美元产品时,就会获得一条缎带,卖出200美元时再得一条,并以此类推。这种仅需要0.4美元的精神鼓励,远比100美元的物质刺激有效。玫琳凯还有最经典的奖品那就是别针。这些别针在美国达拉斯设计制造,然后用飞机运到世界各地,用以奖励在销售产品时有优异销售业绩的美容顾问。在每一个不同的阶段，当你有了一些进步和改善的时候，玫琳凯都会奖给你各种不同意义的别针，玫琳凯公司每一位美容顾问都以佩戴各种各样形式各异的别针为荣。销售业绩超群的美容顾问，公司会用红地毯欢迎他们返回总部，每一个人都像对待皇亲国戚一般高看他们。每年在总部召开的年度讨论会上，一流的美容顾问会身穿红马甲登台演讲，并接受台下同事的掌声鼓励。

由此可见，精神奖励的影响程度远远超过了物质奖励。对于有成就的员工来说，荣誉超过了任何物质。作为一个团队的管理人员，要如何树立模范标兵，唤醒员工的荣誉感与使命感呢？

首先作为企业的领导者要善于发现和发掘企业的榜样员工。榜样并不是从一开始就存在的。没有人一进入团队就是模范，就是标兵。他们是在工作过程中慢慢表现出与他人的不同。特别是在人生观与个人价值观上，总是保持与企业高度一致，并在工作过程中无形地影响身边的每一个人，具有号召力和感染力，这种人具有模范标兵的潜能，只要为他们提供必要的发展条件，增长他们的知识，开阔他们的视野，让他们在某一特长上做出非一般的贡献，并具有典型性，他们就能成为学习的榜样。其次要给予他们必要的锻炼。对他们进行培训、指导并在团队中加大宣传力度，提高他们的知名度和感染力。使他们的行为得到大多数人的认可，才能够发挥其应有的激励作用。一个团队中有了榜样存在，其他的人自然会受其影响，因为模范标兵就在自己身边，与自己的工作并无差距，这让其他的人更容易感受到荣誉感，同时会为守护自己身边的榜样作出努力。比如为其宣传，为其正言等，这就是使命感。有了这些，模范标兵的激励作用就真正融入了团队中的每一个人心中。这样的团队一定是一个先锋团队，这样的管理者也一定是一个成功的管理者。

第四章
提升士气，营造团队合作的强大气场

 6. 善于授权，创建高士气的团队

一个成功的团队要求成员既有团队意识又有独立完成工作的能力。作为一个团队的管理者，不可能事事都亲力亲为，毕竟管理者不是超人，不可能把事情做完，不然也不需要团队、不需要合作。聪明的管理者会有效授权，把事情合理地分配给团队其他的成员，让更多的人参与到管理中来，这样既能高效地完成工作任务，又能让团队成员得到应有的锻炼，同时让团队成员感受到上级的信任，有了强烈的主人翁责任感，从而达到工作的更高境界。

很多管理者在工作中都会出现一个失误，那就是不愿授权。不愿授权的原因大致有两种，一是不相信自己的队员能够把事情做好，二是不相信自己，害怕一旦授权下属就有机会表现，能力就会有突破，这样自己的位置就会受到威胁。很多上司明明是授权给了下属，但工作过程中总是不断干涉。作为下属，被上司干扰是件很烦恼的事情。不汇报不让上司参与说不过去，让上司加入，又有不被信任的感觉，同时还会干扰自己的思路与计划，最后影响工作结果。一个团队事情繁杂，如果管理者事事都要亲自过问，亲自到场，一定是吃力不讨好的结果。敢于授权，并在选对人后相信和支持他们，让员工在工作中获得满足，通过一次次成功证明他们的能力，让团队士气高昂，这才是高明的管理者做法。员工因为获得满足而更加自信，对工作热情更高，对自己要求更严，会主动承担责任，同时会感激管理者给自己成长和独立完成工作的机会，状态会更好。

敢于授权历史以来都是帝王的成功之术。这方面刘邦做得更为高明。在楚汉对峙阶段时，韩信拥兵数十万，举足轻重，可以说,他的向背决定着刘邦和项羽之间的胜负形势。当项羽派人去说服韩信背汉连楚,三分天下鼎足而立时,韩信拒绝了,他说:"当初我投靠项王的时候,项王不过让我做了一个郎中的小官,位卑言轻,我的计策项王从来没有听从过;所以,后来我离开了楚国,投入了汉王的军中。而汉王授给我上将军印,把数万军队都交给我指挥,还解下自己身上的衣服给我,把自己面前的食物拿给我吃,又能听从我的建议,所以我才能有今天这样的成就。汉王那么相信我,我要是背叛他,就是不义的,我就是死也不能这么做。"

韩信之所以宁愿死也决不背叛汉王,是因为当初刘邦对他的信任和敢于授权,让他带兵打仗。权力会让有能力的人有用武之地,信任会让被授权的人感激上级知遇之恩。授权给员工或者基层领导的话,既可以体现管理者对于被授权人的信任和鼓励,又可以考察被授权人的能力,为以后提拔作准备,最关键的是可以为自己节约时间去做更重要而且必须要你去做的事。作为上司,并不是要把所有的事情都揽到自己怀里才是敬业,而是用头脑来管理好组织,让自己的团队充满活力,创造更多的价值。

授权是将一部分工作转交给他人,而不是放弃不管。成功的管理离不开授权,授权是基于信任的。对他人的信任,对自己的信任。既相信被授权者的品格与能力,又相信自己能够处理好授权后带来的意外和问题。授权是对权威的挑战,是对控制的突破,授权是为了选拔人才,培养人才,创造新的可能性。授权是一种有效的领导方法。通过授权,团队成员少了被控制,同时也少了依存,被授权者增加了自主性,感受到责任感,提高了工作能动性,增长了自我管理能力,获得个人快速成长的机会。金钱不流通是没有使用价值的,权力也一样,不扩散和周转,权力也发挥不了作用,有时还会制约发展。有效授权其实是把一些人的力量集中起来做更多的事情。这是团队合作的必要性。敢于授权,靠的是自身的影响力,有效授权使管理者自身的人格魅力不断加强,影响力不断扩大,在成就下属时也同时成就了自己。事必躬亲的管理者总是处于疲于奔命的状态,而敢于放权的管理者能让下属发挥才能并代替自己完成工作。

第四章
提升士气，营造团队合作的强大气场

将手中的权力适当放一些给下属，让团队中更多的人参与管事、成为领导，会让下属有更多的责任感，在工作中相互帮助，互相分享成功的经验，同时自发地总结失败的教训，这就是一支能够自我加压、自我激励、自我发展，士气高昂的和谐团队。他们的工作力更旺盛，工作成效更高。不愿意和不敢授权的管理者希望紧握手中的权力来指挥他人，让员工听从自己的指挥，自己在指挥的过程中享受权力带来的满足感。这种人不仅自己不会成功，还会将一个团队带向"死亡"的困境。一个人做事做得好，只能算是个能人，能带领一个团队把事情做好，才是真正的高人。在管理权限中，适度放权，实行扁平化管理，增加员工的自主意识和能力。这种方法是保持企业活力的有效方式，让员工从"被动管理"到"主动管理"，有效提高其自身满意度和创新精神。授权后员工自然会提升自我管理意识，对自我要求更加严格。管理者正确的用人之道，最重要的是善于发现、发掘、发挥下属的一技之长，然后授权给他们，让他们自由发挥，这会产生事半功倍的效果。

一支三流军队士气高涨的时候可以打出一流的战绩，一支一流军队士气低落的时候也可能打出三流战绩。可见士气对于一个团队能否成功起着决定性的作用。一个管理者敢于授权给下属，让下属对工作感到满足就能够提高士气。鼓舞员工士气的具体方法是根据职工的智力、才能、兴趣、技术特长安排每个人的工作，使个人有用武之地，同时有效授权，让他们敢于创先，在不断激励中成就自己。

第五章

善用激励，掌握互惠互利的合作技巧

合作的根本原因是大家都有利可图。掌握这个原则并利用它所带来的利益——包括物质和精神两方面，去激励员工的工作热情，会促使他们的工作动机更加强烈，并将潜在的巨大的内驱力释放出来，合作能量就会无限地增大。

合作思维：从单兵作战到合作共赢的工作新逻辑

1. 有效激励是维护合作的好方法

一名管理者首先要做到"以人为本"，针对不同的员工采用不同的激励办法，从而提高员工的积极性、配合性、兴趣度以及创新能力，提高工作效率。但是管理者要注意不要只对几个或者部分员工表扬、激励。要做到公平公正，让所有团队成员都能感受到团队的凝聚力，使员工对管理者增加信任感，从而更好地与团队成员合作。企业的财富与利润是由员工创造出来的，管理者的有效激励，会使团队工作达到最佳状态。那么何为有效激励，从哪些方面激励才有效呢？

（1）树立高素质的领导形象

领导素质的高低，直接影响其下属的工作水平和工作信心。公平、正直、有上进心、关心团队成员、不计个人得失、愿意为团队奉献力量，这是一个管理者所应具备的形象特征。每天上班都能看到一个信心百倍的领导无疑是对员工最好的激励。领导没有信心，对工作不负责任，团队一定不可能有成绩。一个高素质的领导，其下属团队一定是干劲十足，朝气蓬勃的团队。所以作为管理者，要树立高素质的形象，让员工感受到领导者不仅在领导员工，也在管理自己，让员工们感受到"有依靠"，才会有干劲，大家才会围绕管理者在相互尊重的氛围中坦诚合作。

（2）工作上"共同进退"，互通情报

有些领导为了保守公司的秘密，不让员工知道公司的状况。其实如果公司运转正常，员工会增添不少信心，如果公司出现困难，爱企如家的员工会为公司想办法，出一份力。所以无论从哪方面来讲，与其让员工揣测公司发展前景，不如让员工明白公司的状况，放心地把心思放在工作上。

大胆地与员工分享公司的发展前景,让他们对公司的经营策略更加了解,从而有效、明确、积极地完成工作任务。这也意味着管理者愿意与员工共进退,这不仅是给员工的定心丸,也是员工的兴奋剂,激励员工对团队工作信心满满,合作更加有动力。

(3) 倾听并合理接受员工意见和建议,让沟通更和谐

仔细倾听员工的想法,不时对员工的想法作出回应,会让员工有足够的满足感与被重视感。管理者与员工在沟通中明白员工需要与员工的建议,员工因为被尊重而愿意与管理者说出心里话,这对于管理者管理有很大的帮助。武断地管理方式并不适合现代员工,只有建立起和谐的沟通方式,员工与管理者才能打通意见渠道,消除上下级之间的距离,激励员工愿意与管理者一起打造高效团队。

(4) 完全了解自己的员工

每个人的能力和性格不同,每个岗位的要求和环境也不同,作为管理者只有事先分析、合理匹配,才能充分发挥人才的作用,才能保证工作顺利完成。为了激励每个员工的工作激情,就要找到他们的痛点,"投其所好",根据不同的性格和爱好来分配工作,以达到各自适合的岗位,使合作更顺利。一方面更好地利用了人才,另一方面,让员工感受到公司对自己的重用,从而得到满足感和责任感。员工在进行工作过程中,明确责、权、利。团队中个人的地位越重要,体验到的成就感就越强烈,员工感受到的这种激励感就越强。同时管理者还可以根据每个员工的需求不同来了解员工的需要,从小事做起,从细节入手,尽可能地给予满足,从而激励员工,提高工作积极性。

(5) 赞赏是最好的激励

赞美是世界上最动听的语言。没有人会拒绝赞美,特别是对方真诚的赞美。赞美能够使员工对自己更加自信、对工作更加热爱,能够鼓励员工提高工作的效率。当员工在工作中做得出色时,管理者一定要及时给予赞美与鼓励,这远比物质上的奖励有效得多。赞美不仅是对工作的肯定,也包含着领导的信任与竞争中的地位。得到赞美就等于受到激励,会让员工

合作思维：从单兵作战到合作共赢的工作新逻辑

在今后的工作中做得更好，在合作中付出得更多而毫无怨言。

(6) 开放透明的业绩平台与晋升空间

让员工看得见自己的未来，就需要开放透明的晋升空间，如果没有晋升的空间和发展的前途，员工的工作仅仅只是为了生计，那就没有了激情，没有了主动。晋升的前提是用业绩说话。通过业绩比较，使优秀的员工产生成就优势体验，从而提供成就需要的满足。业绩排名公开制度和业绩进步评比制度，可以使员工对业绩优势体验有一个明确的期望，从而激发员工的成就感。员工对公司的贡献受到诸多因素的影响，如工作态度、工作经验、各自环境等，虽然有些因素不可控制，但最主要的因素是员工的个人表现，员工的收入必须根据他的工作表现确定。员工过去的表现是否得到认可，直接影响到未来的工作结果。用业绩说话，凭业绩晋升不仅会让员工明白前段工作的表现，知道自己做了多少，得到了多少回报，以及别人做了多少，得到了多少回报，更知道今后工作的目标，激励员工去做那些对公司发展有利的事情。开放透明的晋升机制和业绩平台，直接影响员工是否积极的工作态度，让员工看得见自己的未来，看到自己的付出和回报是成正比的。

(7) 营造良好的学习氛围，给员工更多的机会

未来具有竞争力的团队一定是学习型的团队。学习才能进步，学习才能创造价值，学习才能提升形象，学习才能提升核心竞争力。

而学习习惯的养成并长期坚持，需要一个良好的学习氛围去诱导，所以，团队的学习氛围很关键，管理者要营造良好的学习氛围来帮助员工更好地学习，提升业务水平与个人修养并做好员工的榜样。学习时单调地灌输并不起作用，而是要针对个人兴趣和爱好来制订不同的学习方案，如果员工本身就对工作内容很有兴趣，再加上工作内容所带来的挑战性，员工做起来就会很着迷，会发挥出更多的潜力。兴趣是提升能力的最佳辅助，一个有良好兴趣爱好的人，才会在工作中激发探索能力，寻求新的发展。创新型人才一定是具有良好兴趣爱好的人。管理者要对每个团队成员的兴趣爱好有所了解，并让他们有更多的学习和表现的机会，让他们感受到自

己所学有所用,对团队的合作有贡献作用。这也是激励的方法之一。

(8) 布置挑战性的工作

挑战性的工作可以激发员工的工作热情,学到很多新东西,激发其自身潜能,并且这个挑战经过他自己的努力达到成功的期望。挑战成功给员工带来的自信和成就感,会给今后完成更出色的业绩带来非常积极的影响。

任何一种方面的激励都是为了更好地合作,使团队士气更高,合作更加顺利。所以激励要以合作为根本出发点,对于那些不利于合作的方式方法,管理者要适时地取消或禁止。

2. 建立对内公平、对外竞争的激励机制

所谓对内公平性是指公司内部相同或相似岗位的薪酬不应有太大差距,员工付出相同的劳动得到小时工资应该相近。也就是说公司处于公平的立场,只要是有付出,就有相应的收获。对外竞争性是指公司岗位相对外部公司要有优势,一般在该岗位的工资的中位线以上就有竞争性。这种机制是为了吸引更多的人才到公司,为公司服务。目前企业中薪酬出现问题最多的有三种情况,一是基本薪资所占比例较低;二是级别之间薪资差距不大,有的甚至是个位数;三是奖金没有充分体现激励机制。逢年过节,该发的发,根本没有按照业绩考核来管理。这些原因都是导致人才流失,员工失去动力的原因。建立"对内公平,对外竞争"的激励机制,可以保证团队的凝聚力,提升团队的积极性,吸引外面更多的人才加入到团队中来。

作为团队的管理者,要建立这种激励机制就要深入调查。就内部公平

而言，要制订一个内部的薪酬等级制度，针对什么级别拿什么样的薪酬准确定位。这就要求管理者对下属成员充分了解，对人员业务能力分析，对岗位评估，什么人、什么岗位需要拿到高水准，确保付出与获得成正比。把对岗位有兴趣的人分配到相应的岗位，才能将价值最大化。比如张三明明喜欢会计类专业，而你却把他分到管理办公室，这种"不对胃口"的岗位只会让他消极度日。了解员工的喜好，合理分配才能互惠互利。也就是说不管你职位高低，还是工作能力强弱，大家得到的薪酬并没有多少区别。现代社会是一个挑战型的社会，能力越强的人越喜欢挑战，而挑战意味着创新和创造更多的价值，假如一个人的劳动价值远远超过他的同事，而他的薪酬却与别人无异，毫无疑问，长久下去他会失去激情，会认为挑战是无价值的，付出再多在上司眼中也等于零，还不如让自己轻松过日子来得痛快。如果企业中一些能力强的员工都遭遇到这个过程，那么这些人才要么就被时间消磨掉了干劲，要么就会离开公司，另选出路。"平均主义"并不适合现代社会，是一些初入职场的年轻人，他们更喜欢挑战，更愿意在竞争中取得成绩。所以建立内部薪酬等级制度，能起到良好的激励作用，让员工为荣誉而战，为利益而战。

对外而言，要有竞争力，就要了解你处在什么行业，你的人才从哪里来，会往哪里去，所处的行业人才的薪酬状况是什么。薪酬定位要根据自己公司的财务状况、竞争力水平、公司所处的发展阶段等相关的因素来确定。如果你是一个老字号的企业，有足够稳定的基础，你就有底气，别人也信得过；但如果你的公司刚刚起步，一切都还待发展，你不可能承诺太高的薪酬要求，但是你可以给予一些其他的具有激励作用的条件，比如一定的股权、长期聘用的合同、薪酬与企业发展挂钩等等，都可以让你留住人才。薪酬是刚性的，一旦确定薪酬的定位，再要降薪几乎不可能，从这个角度来说，一定要全方位考虑周全才能定位。

有调查表明，为员工创建职业发展通道比制订更高的薪酬更容易留住人才。即使是新成立的公司，只要有好的发展前景，能够快速在市场上立足，大部分员工都愿意在哪怕工资很低的情况下选择与公司合作。只要能够让他们在工作上有满足感，在团队中有被需要感，就能起到激励的作用，让他们自愿留在公司，与公司一起成长。工作环境也是时下许多人择业的标准之一。在一个舒适、轻松、和谐的环境中工作即使薪酬并不高，但做起来让人心情愉快，这也是许多人愿意留下来的原因。如果一个上司整天板着个脸，对待下属从来没满意之处，整天吹胡子瞪眼，就是年薪百万元也不一定有人愿意与他合作。人权是这个社会所有人都大力提倡的，工作上有什么不对可以提出来，也可以接受批评，但是在人权上得不到平等对待是坚决不允许的。老板和善、同事之间团结，团队就像家庭一样温暖，这样的环境同样可以激励员工，让他们安心工作。

留住人才还有一种手段就是对那些能力突出的员工进行培训。一方面提升他们的个人能力，另一方面为以后提升作准备。进行培训的员工无疑是企业看重的员工，是今后企业的中坚力量。这种体制会激励员工相互之间你争我赶，形成良好的竞争局面，以个人能力优化、个人水平提高为前提，搞好团队合作，团队胜出，个人必然胜出。团队中某一个人得到殊荣提升，其他人会效仿其工作方法，将对方作为榜样，朝着提升的目标向前。

不管什么时候，面对什么人，想要留住人才，管理人员就要花足够的精力与心思，了解自己的员工，针对他们的喜好，逐一作出相应的对策，让员工得到激励，真诚接受公司的制度，并以最大的热情服务公司，这便达到了目的。薪酬或许是员工考虑最多的要求之一，也是员工根本的需要，但光凭工资绝对不是留才的最好办法，企业要想做出成本最优的留才手段，就要根据所在行业、员工需求，制订有效的留才方式，除了工资之外，职业的发展、能力的发展和企业的文化也都很重要。

3. 把握时机,把激励用在刀刃上

激励是指激发人的行为的心理过程。激励这个概念用于管理,是指激发员工的工作动机。也就是说用各种有效的方法去调动员工的积极性和创造性,使员工努力去完成组织的任务,实现组织的目标。有效的激励会点燃员工的激情,促使他们的工作动机更加强烈,让他们产生超越自我和他人的欲望,并将潜在的巨大的潜力释放出来,为企业的远景目标奉献自己的热情。什么是激励?美国管理学家贝雷尔森和斯坦尼尔给激励下了如下定义:"一切内心要争取的条件、希望、愿望、动力都构成了对人的激励——它是人类活动的一种内心状态。"人的一切行动都是由某种动机引起的,动机是一种精神状态,它对人的行动起激发、推动、加强的作用。激发员工的工作动机,就能让员工对工作更加热情,对团队更加信任,更愿意参与团队的合作并在合作中最大力量的奉献。

并不是所有的激励都有效,激励也并不是随时可以用的方法。管理者要明确员工需要的动机,掌握激励员工的时机,把激励用在刀刃上,让员工充分感受到激励的作用,并因为激励而更加努力,激励才会达到效果。

一个人从有需要直到产生动机这是一个"心理过程",比如当一个下属做了一件自认为十分漂亮的事情后,他渴望得到上司或同事的赞赏、认可和肯定,这就是他渴望被上司激励的心理"动机"。如果上司及时表扬甚至是当众表扬了他,他就会在今后的工作中更加努力,力求表现得更好,这就是受到了激励。有效激励可以达到管理者与下属同时满意的效果。激励在不同时间进行,其作用与效果是有很大差别的。打个比喻,就像一个做工艺的人一样,每道工序不同,做出来的产品也就不一样。超前

激励可能会使下属感到无足轻重；迟到的激励可能会让下属觉得画蛇添足，失去了激励应有的意义。激励如同发酵剂，要用到最关键的时候。有效的激励可以使人力、物力经常保持在最佳的比例，同时对人的思想、心理和行为进行恰当的诱导、控制和监督，以充分发挥人的主观能动性，做到事得其人，人尽其才，人事相宜，事竟功成，最后达到团队的成功。

一位叫玛莉·班尼的女孩写信给《芝加哥论坛报》儿童版栏目的主持人西勒·库斯特，想问一问无所不知的西勒·库斯特先生：上帝真的是公平的吗？因为她实在搞不明白：为什么她帮妈妈把烤好的甜饼送到餐桌上，得到的只是一句"好孩子"的夸奖，而那个什么都不干、只知捣蛋的戴维（她的弟弟）得到的却是一个甜饼。这其中就忽视了激励的重要因素之一：激励时效性。小女孩可能几年之内都看不到"好孩子"带来的其他正面效果，却能立刻看到弟弟吃了"甜饼"。

这个故事曾经轰动一时，是因为人们从小女孩提出的问题发现，激励是需要了解对方需求的，而且要有时效性。小女孩对夸奖并不是很感兴趣，她的需求是跟他弟弟一样，得到一个甜饼。团队中同样如此。一些人希望得到的激励并不是物质，而是当众表扬，以满足心理需求。如果管理者武断地用物质来激励，就会令他失望，如果他希望是得到物质上的回馈，而你只是精神上的表扬，他会觉得领导只注重口头忽略实际。

不管哪种方式的激励，掌握时效是重点。比如一个人为了完成工作任务主动留下来加班，直到工作完成。你明明知道工作能够完成是因为这名员工加班的结果，你却在庆功会上只字不提。等过几天再需要加班的时候再来表扬这名曾经加班的员工，想想会是什么结果？是的，这名员工一定不愿加班，他会认为他的加班在领导眼里根本就不重要，或者说是常态，之所以得到表扬是因为要被"再次利用"。显然，管理者激励的时效已经过了，员工曾经期待的表扬在他心里成了过去式，现在再提不仅不重要，相反还有"利用"的嫌疑。再比如一名员工经过很长时间的钻研、实践，终于克服重重困难，找到新的更节能更省力的工作方法，作为管理者却只轻描淡写一带而过，对身边其他同事一点小成绩却大加赞赏，这名员工得到的也只能是失望。及时而真诚地对员工的成绩作出肯定与赞赏，才能促使员工对工作的热情更高，对领导更加信任，团队中人心才更齐。

激励员工可以表现在很多方面。比如关心员工的生活需要。像员工生日时管理者可以以团队的名义或者个人名义送一个小小的礼物、员工家庭出现困难尽可能地给予帮助，这些行为可以让员工感受到被爱和被重视。让员工保持愉快的心情工作，是我们管理者的义务，当你做得足够到位的时候，员工发挥出来的潜能往往令你难以想象。

当员工出现错误的时候，给予他足够的包容与理解，也是对员工激励的一种表现。这种激励能让员工重拾自信，对工作、对领导、对团队充满感激，表现在工作上就是加倍努力。

有效激励并掌握激励的"度"和时效，管理者就能轻轻松松带好团队，让团队竞争力居于行业前列。相反则会让团队之间失去和谐，破坏合作。

4. 精神激励比物质激励更持久

精神激励是指精神方面的无形的激励，它与物质激励不同，物质激励有具体的物质表现，而精神激励是看不见、摸不着的。但是在实际工作中精神激励往往起着比物质激励更大的作用。比如领导向员工、下属授权，对他们工作的肯定和认可，在团队内部建立公平公正的晋升制度，给表现突出的员工提供单独培训的机会等，这些都是对员工的精神激励。精神激励是一项深入细致、复杂多变、应用广泛，影响深远的工作，它是管理者用思想教育的手段倡导企业精神，是调动员工积极性、主动性和创造性的有效方式。

实践证明，一个人在报酬引诱及社会压力下工作，其能力仅能发挥60%，其余的40%有赖于领导者去激发。一个管理者如果能够经常使用一些手段去激励员工，让他们发挥更多的特长和优势，那么他的团队就一定会比其他团队优秀。激励作为企业管理的一种职能，是根据具体的目标，通过满足人的各项需求，有效启迪和引导人的心灵，从而激发人的动机，挖掘人的潜力，使之充满活力并朝着目标前进。因此激励是一种目的性很明确的管理活动。激励有它特定的运行规律，要达到受"激"而"励"的功效，首先应该掌握和认识激励的分类，并能有针对性地统筹运用。我们前面所提的树立模范标兵，就是精神激励的一方面。人们常说，榜样的力量是无穷的。绝大多数员工都是力求上进而不甘落后的。如果有了榜样，员工就会有努力的方向和赶超的目标，从榜样成功的事业中得到激励。

精神激励的种类很多，比如给员工全方位自由，信任他们，尊重他们的工作方式，就是激励。

美国惠普公司不但以卓越的业绩跨入全球百家大公司行列，更以其对人的尊重与信任的企业精神而闻名于世。在惠普，存放电气和机械零件的实验室备品库是全面开放的，允许甚至鼓励工程师在企业或家中任意使用。惠普的观点是：不管他们拿这些零件做什么，反正只要他们摆弄这些玩意儿就总能学到东西。公司没有作息表，也不进行考勤，每个员工可以按照个人的习惯和情况灵活安排。惠普在员工培训上一向不惜血本，即便人员流失也在所不惜。惠普的创始人比尔·休利特说："惠普的成功主要得益于'重视人'的宗旨，就是从内心深处相信每个员工都想有所创造。我始终认为，只要给员工提供适当的环境，他们就一定能做得更好。"基于这样的理念，惠普特别关心和重视每个人，承认他们的成就、尊严和价值。

绝对的人格尊严可以激励员工为公司服务到底。

摩托罗拉公司始终以"肯定人格尊严"为管理理念，对人保持不变的尊重。在摩托罗拉，人格尊严主要包括：和谐的工作环境、明确的个人前途、开放的沟通渠道、足够的隐私空间、充分的培训机会及平和的离职安排。

在离职问题上，尤其能体现出摩托罗拉公司对员工的尊重。公司尽最大可能避免裁员，当必须裁员时，裁员人选将根据员工的业绩、技能和服务年限等作出抉择。例如，在公司服务满10年的员工未经董事长和总裁批准不得列入裁员的名单。当员工由于个人或公司业务的需要而离开时，公司还将提供诸如安排其他工作、帮助介绍外面的工作、发放补偿金和继续发给某些福利和工资的帮助等。摩托罗拉以人为本、尊重个人、发挥人的潜能、实现个人价值与企业共同发展的经营理念，形成了员工和企业相互尊重的文化氛围，创造了良好的工作环境。

摩托罗拉认为，管理的基础是尊重。公司创办之初，就形成了一整套以尊重人为宗旨的企业制度和工作作风，并将这一思想渗透到企业文化的各个层面。摩托罗拉认为，尊重至少有四层含义：肯定个人价值、给予特殊信赖、创造和谐氛围及满足具体要求。

一些人工作原本就不是为了薪酬而来，他们是为了在工作中寻找更多的乐趣，他们以工作为人生趣事，从工作中找到人生的价值与奉献的享受。针对这一类员工，管理者要尽量满足他们参与各项工作，与各种专业人员进行讨论和实践，在摸索中降低成本，使工作最大价值化。每个员工都有不可想象的潜能，参与过程就是员工最大的满足，而这种满足激发了他们的潜能，使团队协作力更强，工作效率更高。绩效对这类员工并不管用，他们由于对工作有极大的兴趣，所以创造的绩效一定会高于他人。但是如果因为绩效而受到表扬，或者单纯以物质来激励他们，他们会产生反感，认为没有受到尊重。对这类员工最好的激励办法就是让他们不断地处于挑战中，在挑战中寻找刺激，得到满足。

俗话说："人上一百，种种色色。"每个人都有自己的性格、爱好和追求。针对不同的人，要有不同的管理方式。精神激励之所以比物质激励更持久，就是因为物质激励只是暂时的，也容易得到。而精神激励则是在人格上被肯定、在工作爱好上被尊重、在工作中时时可以感受到团队的关心和支持，这是用金钱无法衡量的，也是用金钱买不到的。薪水再高，做得不开心，人们也不会长久地留在那个地方。所以管理者要做好全方位了解工作，对自己的员工各方面需求熟知，才能让激励更有效。

5. 斤斤计较是最差劲的负激励

负激励是指当组织成员的行为不符合组织目标或社会需要时，组织将给予惩罚或批评，使之减弱和消退，从而来抑制这种行为。负激励如法律一样，讲究人人平等。因为负激励的执行比通常的奖励、表彰等正激励要更为准确与适当，难度也较大。负激励一旦产生偏差，员工就会有所计较，会导致组织管理者的权威受损，甚至导致组织管理形同虚设。负激励的目的在于使员工产生危机感，督促员工始终保持良好的职业道德与行为习惯，负激励主要表现形式有批评、罚款、降职、淘汰等。

> 一位赛马爱好者给他的座骑装备了最好的硬件：闪光锃亮的鞍子，精心打造的马蹄套，崭新漂亮的辔头……但他的马在速度上依然没有丝毫长进。这人百思不得其解："我给了它一匹骏马所拥有的一切，可它为什么不能成为一匹骏马呢？"赛马高手指点他："因为你手里缺少一根鞭策它不断上进的鞭子！"

赛马人手里的"鞭子"，用在职场上，团队中就是负激励。企业一般都设有日常的行为准则、管理制度等，超出了这个准则、制度必然受到一定的制裁与惩罚，以起到以儆效尤的作用，这就是负激励的正面效应。比如公司规定不许迟到早退，违者罚款50元，于是大家都照章遵守，如果有一天有人迟到但并没有罚款50元，大家就会认为这个制度只是虚设，并没有被执行，于是迟到早退的人开始多起来。违章的人一旦被罚，其他的人就不敢再效仿，这就是负激励起到了作用。

作为管理人员，要把握好负激励的力度与尺度，才能让负激励起到正面效应，否则会使管理变成混乱的局面。同时管理者要以身作则，严格要求自己，与员工一起接受监督，让员工心服口服。如果管理者自己都不能严格要求自己，在个人利益上斤斤计较，今天怀疑小王打了小报告，明天担心小张的能力会超过自己，后天又对小李看不顺眼而发生矛盾……这种管理者所带的团队只有两种结果，一是被团队抛弃，二是团队被他带垮。

小李进入职场6年，从"小白"开始做起。刚参加工作的时候每天晚上最早睡觉的时间是凌晨1点半，通常早上7点起床继续干活。小李的上司比他大了整整10岁，进入职场15年，混到了管理中层的职位，对小李非常的苛刻。苛刻的主要表现有三个方面。第一，不指导工作，通常只交代一个任务，就让小李自己去琢磨；第二，小李做的工作如果有功劳就算是上司的，如果有纰漏就是小李要承担责任，也就是说好处归上司，坏处归小李；第三，恶意打压小李的正常升迁，处处针对小李。

由于没有上司的指点和意见，小李的工作量超级巨大，需要迅速掌握行业的规律和内容，小李从上司那里得不到什么有效的信息，就去找其他同事和前辈。小李深知毕竟别人也没有教授自己工作方法的责任，所以经常不耻下问，结果误打误撞，居然快速地整合了自己的一套工作体系，利用这套工作体系，快速完成各项工作任务。面对斤斤计较的上司，小李想起一句话，"发展是硬道理"。于是继续努力工作，虽然功劳归给上司时心里不痛快，也非常沮丧甚至失望，但是小李也迅速成长了，被更大的领导看在眼里，认为他是个可造之才。面对上司的处处打压，小李想得到挺开，反正在职场中无非是你找茬斗我、我继续工作，平时一些无关紧要的事情就不放在心上，但是坚持住底线和原则，还是把好好工作作为基本前提。

工作到第6年时，小李迎来了好运，自己升职了，和原来的上司平起平坐。过了一段时间，其他领导看出来了窍门，小李原上司的部门业绩一塌糊涂，管理也很混乱，布置给原上司的工作时，原上司处处计较，这个不做那个不行的，原来这个部门的很多工作是由小李完成的，现在小李在他自己的新部门，自然很多工作就不能完成了。

最终领导撤掉了原上司的部门，部门里的员工分流到其他部门，有的分到了小李的新部门中。如果小李在工作之初，把所有的精力都放在和上司斤斤计较、少做工作、争功劳抢风头上面，那么6年后的小李也不能升职成为中层主管。话说回来，如果小李的原上司不那么斤斤计较，或许也不会人到中年时面临分流、甚至下岗的危险。

斤斤计较是一个文化修养与道德修养都不够的人的行为。一些管理者以自我为中心，气度狭小，目光短浅，过分追求个人名利、地位、权力、享受。稍微做出了点成绩就希望得到上级的提拔和重用，如果没有被重用就会闹情绪；就算提拔慢了也会不满意，没有调到想要去的岗位同样有意见，抱怨上级不公平，觉得自己吃了亏；工资方面常与下属计较，自认为领导就应该比下属工资高；对待工作却毫无热情，内部之间扯皮推诿，拈轻怕重，生怕比别人多做一点点。就激励而言，说斤斤计较是最差劲的负激励一点也没错，斤斤计较的上司舍不得创造良好的工作环境，不舍得给员工较高的工资待遇，对员工要求太苛刻，毫无理由地要求加班，却不给加班费等。这些行为除了让员工对上司失望，还会对企业失望，对自己的团队失望，所以是最差劲的负激励。负激励的本意是起着正面效应要求员工遵守企业规章制度，遵守职业道德，但斤斤计较的上司对员工的影响没有丝毫的正面激励作用，相反还影响团队的发展。自古"袁绍因为小气官渡大败""智伯小气失去两个盟友"等，都是受斤斤计较所害。如果你想

合作思维：从单兵作战到合作共赢的工作新逻辑

成为一名合格的管理者，希望你的团队正常稳步发展，具有强大的竞争力和合作力，就要不怕"吃亏"，做一个尽职尽责的好上司，为团队做表率，为员工做榜样。

 6. 低效团队靠管理，高效团队靠激励

几乎职场上所有的人都希望自己能进入一个高效的团队，不论自己的职位高低还是知识深与浅。由此可见，高效的团队才可以给人们带来不一样的收获，包括精神上的满足和物质上的需求。高效团队与低效团队的区别在哪里？高效团队有什么特征？

（1）高效团队目标清晰

高效的团队对要达到的目标有清楚的理解和认识，明白自己在团队中所处位置，明白今后在团队中自己需要做些什么，如何与团队成员一起合作才能实现目标。

（2）高效团队中的成员相互都有绝对的信任，高度忠诚

上从老板开始，下到一线员工，他们之间都是确信不疑。相信同事的人品，相信领导的能力，相信相互间的忠诚。有了这些信任，工作就不会出现猜疑、嫉妒，合作就会愉快，有了忠诚，他们会把自己视为团队中重要的一员，承担责任，挑战困难。

（3）高效团队中优势都是互补的

高效团队中每个人都有不一样的特长，或是专业技术、或是其他方面的能力，在合作过程中，他们会相互学习，将优势互补，从对方的长处来补足自己的短处，使每个人都能体现自身的价值。

（4）高效团队中的沟通都是有效的

不论是工作还是利益，群体成员通过畅通的渠道交流信息，在沟通中产生感情，相互帮扶，使合作中困难减少。

（5）拥有一个优秀的领导

优秀的领导者能为团队指明方向，让团队成员有足够的信心继续向前，他会帮助团队成员在工作中发挥自己的潜力，看到自己的优势；会给团队成员更多的发展机会，鼓励他们、为他们提供指导与支持，不拿权力说话，不以权力压人。所以无论前进路上多艰难，优秀的领导都能带着团队走出困惑，走向成功。

（6）拥有良好的内外部支持环境

高效的团队总是有它的支持环境。从内部条件来看，团队应拥有一个合理的基础结构。这包括适当的培训、一套易于理解的并用以评估员工总体绩效的测量系统，以及一个起支持作用的人力资源系统。恰当的基础结构应能够支持并强化成员行为以取得高绩效水平。从外部条件来看，管理层应给团队提供完成工作所必需的各种资源。

从高效团队的特征我们可以看出，其中并没有强制性的管理。那么是什么一直鼓舞着团队的士气，让他们团结一致，同心同德，创造一流的团队水平呢？当然是激励。通过激励可以使员工最充分的发挥其才能和潜力，变消极因素为积极因素，从而保持工作的实效性和高效率，最大限度地创造价值。低效率靠管理，高效率靠激励。激励这个词可以分开理解，激叫作刺激，励叫作奖励。人的心灵的沟通很重要，所以可以通过一些刺激与奖励的行为来达到目的。先有感性认识，才有理性提升。在激励的理论中，动机学派的激励理论最为企业界所熟知，但是真正将之应用得体的却并不多。许多人迷恋于制度的创新，管理权力的分配，唯独将人性中最重要的幸福追求忘记了。我们在职场上看到最多的就是疲惫不堪的上司和他战战兢兢地的员工。双方都很痛苦，因为他们忘记了工作的初衷，失去了工作的乐趣，机械地工作、机械地完成任务。心理学家马斯洛的需求层次理论得出结论，激励的根本所在，乃是员工的内心，那是他的动力源泉。从员工内心深处的需要去激励他们，让他们对工作充满热情和信心，真诚关心他们，让他们在困难时有所依靠，在取得成绩时能得到赞赏，这样才能帮助他们成长和发展，从而实现业绩的提升。

把一个低效率的团队打造成一个高效团队，我们就要从三方面入手做好激励。一是激励核心层员工。核心层员工是团队的精英，是团队中的高端人才。要激励这类员工，就要帮助他们体现自我价值。管理者与核心层员工的距离就是办公室一道门的距离。把门敞开，让核心层的员工们随时可以畅所欲言，让他们了解公司的内幕，明白公司的状况。管理者与核心层工作沟通时要视他们为伙伴，要敢于授权给他们，让他们有平台施展手脚，从而带出来更多有能力的人，让他们都成为精英，从而给企业注入新的发展力，这个良性的无形资产不断升值的过程，就是企业事业不断发展的过程。于是我们的团队也就成了精英团队，高效团队。二是激励老员工。老员工是团队的财富，是公司多年累积的资产。现在很多企业都设有工龄补贴，这就是为了鼓励老员工所设的津贴。老员工跟随团队多年，有的可能还是公司的元老级人物。他们有绝对的忠诚度，有好的人脉圈子，有更丰富的工作经验，做好团队工作，离不开老员工的参与。激励老员工的办法是既要给他们相应的职位，也就是有一定的权力，又要给足待遇，让他们觉得这些年的付出有所值，还有就是要给足他们面子。一些老员工因为年龄与资历，爱摆架子，有时甚至不把管理者放在眼里。管理者要对他们有足够的尊重与忍让，让其他员工看出上司对老员工的尊敬和爱护，这样才能让新安心地留在团队，向老员工学习，同时在心里也愿意跟随团队，直至也成为老员工，得到如此厚待。这种方式不仅激励了老员工，也给新员工吃下定心丸，可以说是一举两得。一家外企的销售总监说过："我们会让老员工带几个小徒弟，这类人喜欢被年轻人奉为大师。带几个小徒弟，能激励他们不断进取。如果新手达到了销售目标，就证明他指导有方。而没有业绩做后盾，是不能令新手信服的。"三是激励一线员工。所有团队中最辛苦的就应该是一线员工了。如果是销售，全靠一线员工跑腿；如果是生产，全靠一线员工在机器轰鸣声中战斗。激励一线员工，最好的办法就是用业绩来赞赏他们的能力。当一名一线员工在全公司大会上得到表扬的时候，他的内心是充满幸福感的。他能感受到公司对自己的肯定与关心，能感受到辛苦付出后所收获的甜蜜，能认定自己的团队是公平公正的，值得自己信任和努力的。具体的表扬使人有一种被重视的感觉。虽然只是一个小的进步、小的贡献，但你提出表扬时，他内心里升腾出被尊重感就会使他充满一种要超越这一次贡献的愿望。世界上所有的奇迹都是在强烈的欲望下产生出来的。有了这种思想，我们的激励就达到了效果。

马云说过员工离职或者不努力的原因很多，具体就是两点，一是钱没给够；二是心委屈了。钱没给够也就是薪酬与员工所期望的相差太大，心委屈了，就是没有受到重视或者没有获得满足感。解决这两点的办法就是激励。从物质上和精神上激励，便会有明显改观。

第六章

强化学习,不做团队合作中的"短板"

决定木桶容量大小的关键并非长板,而是短板。团队也是一样,一个团队是否高效有力,并非由团队中最能干的人决定,而是由能力最欠缺的人决定。所以作为团队的一员,要加强学习,不断提升自己的能力,跟上团队的脚步,不做团队中的短板,不拉团队的后腿。

合作思维：从单兵作战到合作共赢的工作新逻辑

1. 不断学习，提高团队核心竞争力

我们都知道"木桶效应"，即决定木桶容量的，是木桶最短的那块木板，其他的板再长，也很难增加多少，所以提升木桶容量最好的办法就是补上短板。

团队也是一样，决定团队竞争力的关键不在于团队里面的能人有多能，而在于能力不足者有多不足。因而作为团队的一员，要更好地合作，提升团队整体的竞争力，务必不断提升自己的能力，向团队里的能人靠近，切不可做团队里的"短板"，拉低整个团队的竞争力。这就需要我们有学习的意识。

自觉主动，不断学习，争做学习型员工，锻造学习型团队。

当然学习并不是指背书上的条条框框，也不是做做表面形势，而是要讲方法，讲效果。具体说来，团队学习要把握以下几点。

(1) 结合专业学习

专业始终是每个人的强项。连专业技能都不如别人，肯定就不会有成绩。我们在学习的过程中一定要结合自己的专业，钻研专业中不懂和不会的技术，不要怕丢面子，虚心向他人请教。要知道，请教并不丢面子，真正丢面子的是事情摆在你面前你却束手无策。"书山有路勤为径"，只要愿学，总是能找到通往前方的路。管理者日常事务较多，不能把所有的时间都拿来学习，所以好的学习方法会使你事半功倍，大大提高学习效率。制订一套有效的适合自己学习的学习策略是非常重要的。比如从哪方面开始学习，如何去学，时间上要如何分配，近期需要掌握的知识有哪些？学到的知识如何贯通到工作中去，如何让下属也能学到同样的知识。有了好的

学习方案，学习才更有效，才不会东抓一把，西忙一阵，到最后时间浪费了，却没有学到东西。一名员工只要有一技之长，就可以在团队中得到重用。但管理者不行，管理者要当"精一技、会二技、学三技"的全能超人。一方面要学习掌握运用现代管理理论、管理方法，提高协调能力，努力使团队适应现代化企业的发展要求；另一方面，要倡导业务技能专业化终身学习理念，逐步从"干什么学什么、缺什么补什么"过渡到"精一技、会二技、学三技"，使自己成为"工作学习化，学习工作化"的复合型技能人才。这样的管理者才在团队中有说服力，才能让自己的员工信服，也才对员工有影响力，让他们明白学习的真正意义所在。

（2）持续学习

学习是一个漫长并伴随一生的过程。每个人所学与所掌握的知识都不一样。没有人能够把所有的业务技能全部学会，也没有人心中不存疑惑。我们要把学习当成是人生中的大事，它与自己事业能否成功有着直接的关系。坚持不断地学习，每天都在进步，每天都能学到新知识，不仅自己能够轻易解决工作中的困难，还能让下属看到你学习后的成果，以你为榜样，坚持学习。管理者的言行都是会影响到下属的，你是学习型的领导，下属也会是学习型的员工。同时因为你的努力学习，你不用担心下属中会有人能够代替你，即便是有人代替你，你一定是晋升到更高层了，知识让你有了底气，知识让你职业生涯更顺利。

（3）要有"空杯心态"

一个团队核心竞争力的丧失往往与所谓的经验有关。经验在一个团队和一个企业里确实存在一定的作用，但如果把企业的既有优势或一时的成功经验固化、神话、教条化，今天对昨天只能照抄照搬，不敢有半点改进和创新，原来的核心竞争力就慢慢被同行的新思想新方法所取代。昨天正确的东西，今天不见得正确；过去行之有效的方法，在今天这个时代不见得可行。固守经验会使企业产生惰性、迟钝、保守和"路径依赖性"。扼杀创新与活力，使之丧失市场应变能力和环境适应能力。

所以学习要有"空杯心态"，即一切归零，重新开始的心态。将心里的杯子倒空，将自己重视、在乎的东西拿起倒掉。要时刻抱着"挑剔"的眼光来看待过去的自己，从那些曾经认为的辉煌中找出自己的不足，找到阻碍自己适应团队合作工作模式的症结。空杯心态是对过去辉煌的一种否定，也是对自己的一种否定。自我否定需要很大的勇气，但唯有如此才能正视自己在进入团队合作的全新工作模式时身上存在的差距和不足，一个人应该舍弃一些阻碍自己前进的东西，比如过去的荣耀，骄傲自满的经验等，这样才能更好地提升自己。做一只"杯子"，忘掉辉煌、经验、傲慢和自满，忘记过去的荣耀，留一个"空杯"更有利于学习。

有的团队花钱培训员工，有的员工学到了东西，而有的员工则抱怨没的学，其实，有的学没的学，关键在于自己想不想学，有没有"空杯心态"。还有的人，学习怀有很重的功利目的，不是真正学习去了，而是为了混文凭。混上了文凭，评职称；评上了职称，往上爬。学习，成了工具和手段，别说"空杯心态"，连起码的学习心态都没有，能学到真正的学问吗？

其实，在职场上真正经得起风雨的人，是那些有真才实学的人、有"空杯心态"的人。我们有的时候是不是认为自己在某个行业里做了很多年，就认为是这个行业里的行家里手，没有我不懂的东西。别人在自己眼里都是外行，别人讲的东西都听不进去。要知道"天外有天，人外有人"。在知识经济时代，科技飞速发展，知识更新加快，如果不虚心学习新的知识和方法，即使原来的专业知识很扎实，也一样会被社会的进步潮流所淘汰，所以要活到老，学到老。

(4) 保持挑战自我永不满足的心

在攀登者的心目中，下一座山峰，才是最有魅力的；攀越的过程，最让人沉醉，因为这个过程，充满了新奇和挑战，自己的潜能得到了拓展——还有比这更有诱惑的吗？只要能够保持一颗挑战自我永不满足的心，那么就能够更好地忘记过去的成绩。总让自己向前看，把每天都当作崭新的开始，这样才能不断进步。

(5) 不断清洗自己的大脑和心灵

古代的商汤,在他的洗澡盆上写了九个字:苟日新,日日新,又日新,他在洗澡的时候,外洗身,内洗心,所以他在洗完澡后"身心舒畅"。他洗澡时外去身上污垢,内去内心的渣滓,所以他洗完澡身心都很舒畅。学习也需要做到外洗身,内洗心,把外在和内在的过时的东西、心灵的杂草、大脑的垃圾等,通通一洗了之,把内心洗得干干净净,清清爽爽。

在实际工作中,我们很多人,一旦在一个岗位上工作了一段时间,就会觉得工作起来非常熟练,无须接受新的学习,总觉得一些领导、管理、营销理论也学得差不多了,业务知识在平时的工作中也在不断地应用,虽然也想着继续学点东西、不断充实自己,但是因为有了固有观念——"杯子中的浑水",学进去的东西并不能在实际工作中好好地运用,然后慢慢地变成了"吃老本"。殊不知,社会每时每刻都在前进,周围的环境在不断变化。如若有了"空杯心态",大家都把自己完全当成新生,虚心地向周围的同事、同行、客户等学习,我们就会更好地适应当前的合作型社会要求了。

人生是一场盛宴,绝不只有一道菜。每个人都不该因过去小小的成绩而得意忘形,或者因糟糕的经历甘于认命。只要不断学习,就会不断进步,以最好的状态投入到团队合作中去,融入团队,从而更快、更好地与团队实现"对接",使团队的整体竞争力得到提升。

 2. 互相学习、互相交流,才能共同进步

"互相学习,互相交流,共同进步"这其实是很浅显的道理,几乎每个人一听就懂。但是真正在工作中做到，却有几分难处。作为竞争时代的职场人，有些私心是难免的。害怕自己所学被他人学会后对自己的前途有影响，害怕别人超越自己而取代自己的位置等。这些都是职场人不愿与他人学习、交流的原因之一。员工有这些想法可以原谅，但作为管理者，万万不能也有此想法。毕竟员工所代表的只是个人，而管理者影响的是整个团队，可以想象一个自私的管理者所带的团队也可能是自私而狭隘的。我们一再强调团队中个人的力量并不算力量，只有把所有人的力量集中在一起，汇成一股绳，它的力量才强大。

在1930年以前，英国送奶到户的牛奶没封口，因而，山雀与知更鸟这两种英国常见的鸟，每天都可以轻松喝到牛奶。后来，牛奶公司用铝箔将奶瓶口封了起来，阻止鸟偷喝。没想到，1950年，英国所有山雀都学会了把铝箔啄开，继续偷喝，而知更鸟却一直没学到啄功，自然没奶可喝。这两种鸟为何有如此大的差别？后来，生物学家研究发现，山雀是群居的，常常迁徙换巢，当某只山雀发明了新的啄法，喝到牛奶后，别的山雀通过沟通会学到该技能，而知更鸟是独居动物，即便偶有知更鸟啄破封口，其他的鸟也无从学习。

独居的知更鸟就如同团队中只顾个人发展的员工一样。不与其他人沟通便体会不到与其他人一起学习，共同进步的愉快过程。团队的优势在于互补，如何互补？显然各做各的是不能互补的。一个人只顾把自己的工作做好而不顾其他人的工作进度，不关心他人的困难，再怎么努力也不会出色，因为他对于团队来说就像是知更鸟一样用处有限。只有相互交流，把自己会的技术与知识传授给同事，从同事那儿学习到自己不会的，这样才能共同进步。"三人行，必有我师"，每个人都有自己独特的个性与处世方式，更有各自的本领。把自己的知识与他人分享，从他人的长处中明白自己的不足，远比一个人埋头苦干进步快得多。一个优秀的团队在一起工作更能够集思广益，遇到问题思考的层面、方向都不相同，从而就能得到最好的解决方案。一个人遇到一个问题即便苦思冥想最终也很难得到一个较为满意的答案，但如果一群人思考一个问题效果肯定是不一样的。一群人对一个问题给出的看法与解决方法各不相同，管理者可以从这些方法中综合出一个最满意的方案，而在讨论的过程中，大家能够学习到更多的东西。同时，交流能拉近同事之间的距离，促进相互信任，增加团队的凝聚力。

与团队成员共同学习、交流就要求管理者要丢掉"官架子"，把自己当成团队中普通的一员，走进团队，与员工们一起面对困难，为解决困难群策群力。团队成员共同学习，交流的目的不仅仅是精神的享受，更重要的是应用于实践之中，做到学以致用。把所学的知识转换成生产力，为企业、为团队作出更大的贡献，创造更多的利益。随着知识经济时代的到来，各种知识、技术不断推陈出新，竞争日趋紧张激烈，社会需求越来越多样化，使人们在工作学习中所面临的情况和环境极其复杂。只有深深认识到单靠个人的力量已经不可能完全处理各种错综复杂的问题并采取切实高效的行动，必须要依靠团队，在团队中与大家一起学习，交流经验，共同进步，才能有更好的发展。认识到这些，我们就会自觉自愿地与员工们一起学习、讨论，交流过程中才不藏私心。

把"互相学习，互相交流"落实到工作中，可以以"传帮带"的形式进行。也就是把那些资历深、技术好的老员工与新入团队，技术生疏的新员工搭配在一起，让新员工向老员工学习业务技术，学习爱岗敬业、做事认真的品质，而老员工可以从新员工身上学习到新思维和初入职场的干劲，唤醒老员工沉睡的热情。"传帮带"是一种既简便、又有效的培养人才的方法，可以让大家快速进步成长。通过"传帮带"活动还可以促进新老员工之间的交流与互动，形成良好的竞争氛围，使团队成员在和谐中学习，在竞争中进步。"传帮带"并不是一说就能实现的任务，很多员工因为工作稳定，技术业务也不错不爱学习，尤其是一些老员工，他们认为只要自己的业务技术过硬，其他的，不学也不会有什么影响。而跟着一些刚入团队的年轻人学习，更是让他们觉得浪费了时间与精力，还不如多做实事。针对这种情况，管理者要做好新老员工的工作，让他们明白，只有学习，才不会落于他人之后，只有不断地学习，才跟得上快速发展的社会。

无论采取什么样的学习与交流方式，我们的总体目标都是为了大家共同进步，使整个团队更具战斗力。管理者要从实际出发，为员工创造更多的学习与交流的机会，让他们在学习与交流的过程中感受到学习与交流的重要性，以及对提高自己能力的作用。明白这些道理，员工就会自觉地加入学习队伍，自愿与他人分享工作经验与体会，形成良好的学习氛围。真正做到"学习工作化，工作学习化"，形成学习型团队。这样，团队就会天天进步，团队的合力也会越来越强。

3. 扬长避短，积极发挥你的优势

古人说"金无足赤，人无完人""尺有所短，寸有所长"，一个人总是有优点也有缺点，有优势也有短板的。没有全能的个人，只有配合更好的团队，一个人融入团队里最大的好处就是能扬长避短，尽力发挥自己的所长，也让他人的所长来弥补自己所短，这样优势互补，完美结合之后，就有一个强大而完美的团队诞生。因而，团队成员在合作中要注意扬长避短，最大可能地发挥自己的优势，从而为团队的整体竞争力助力。而没有必要总是纠结于自己的短处而无力自拔。

在一所学校的课堂上，老师用钢笔在一张白纸上画了一个点，问学生："这是什么？"

学生回答："黑点。"

老师意味深长地说："同学们，大家看到的事实，首先是一张白纸，然后才是白纸上面有一个黑点。为什么我们不去重视黑点以外那一大张白纸呢？如果你能独具匠心，妙笔生花，完全可以在那一大片白纸上做出好文章、绘出好图画，或许那个黑点会成为其中的一部分。这时，我们看到的还会是黑点吗？"

其实如果你仔细观察就不难发现，每个人身上都有着一些"黑点"，没有人是完美的。但同时，每个人身上也都有着自己独具的优势。"尺有所短，寸有所长"，如果你能经营自己的长处，就会给你的生命增值；反之，如果你总是紧盯着自己的短处，那只会使你自怨自艾。宋代诗人卢梅坡有诗云："梅须逊雪三分白，雪却输梅一段香。"只要你善于发掘自己的潜力，发挥自己的优势，经营自己的长处，就能找到发展自己的道路，创造美好的人生。

很多人会问："既然长处已经是比别人优越的地方，那还有必要经营吗？"那是肯定的，每个人都在进步，你原地不动就等于是退步。长处不会因为你拥有就一直是你的专利。社会竞争那么激烈，也许在团队中有别人的长处与你一样，水平却比你还高，那个时候你的长处就会"贬值"了。所以无论你在团队中获得多么稳固的工作，你都应该懂得如何让自己的长处更具优势。

马明的长处是英语口语非常好，进公司后因为这一长处深受老板的重视。只要是和外企的人谈合作老板都带着他去。马明也不负众望，每次都能用他的专长为老板签下合同。

有一次，老板和马明又和一家外企谈生意，谈得很顺利，但在最后，客户提出要他们用英语写一份计划书。老板当时就把这个工作交给了马明。这可让马明为难了，他口语是很好，但是写作却不太在行，尤其是要写这么专业的文件。

马明想来想去，还是告诉了老板他写不了，最后老板不得不找了另外一个同事来做这个事。从那以后，老板似乎不那么重用他了，有重要的英文谈判也不会总带着他了。马明看着自己日渐受到冷落，于是就开始很努力地学习英语写作。别人都下班回家

合作思维： 从单兵作战到合作共赢的工作新逻辑

了，他还要去上补习班。

有一天，他帮老板送一份英文文件给客户，发现一处很严重但不容易发现的错误，于是他马上告诉老板，最后避免了公司的损失。老板惊奇地问他写作水平怎么提高那么多，马明说："我的口语是不错，但写作能力却不强，自从上次未能完成您的任务后，一直很懊悔，这段时间我一直在努力学习写作技巧。"老板满意地笑了，很高兴地说："嗯，不错，这下英语真正成为你的长处了！"

善于发挥长处，并且及时补足自己的短处，正是马明成功的原因。正是因为他努力补足了自己的短处，才重新获得了上司和团队的信任，从而在职业道路上走到了更高的位置。如果你能以一种积极的心态面对现实，不断调整自己，把自己的长处发挥到极致，你就会比别人更容易收获成功的喜悦。所以要学会扬长和避短。

(1) 要善于发现自己的长处

发挥自己的长处，当然是先要明白自己的长处所在。什么是长处？就是自己擅长的技能，自己优于他人的品性或才能。人的才能是多方面的，有的明显，有的隐蔽。只有先发现长处，才能扬优成势。看到这里，或许有人会说："我都不知道我的长处在哪里？"这个问题的答案其实很简单，你的长处或许就是你性格中的某一方面，或许在你的兴趣上，又或许是你最自豪的领域。只要你不愿意自己一直处于平庸，你就会很快发现自己的长处，让它为你的生命创造你独特的人生价值。

(2) 找到长处的用武之地

只有让你的长处有足够的用武之地，才能发挥它最大的功效，它才能体现你在团队中的价值。因此，当你已经发现了自己的特长后，要做的就是结合自己的实际工作或是团队的实际需要去发挥它。有些时候你可能要再三思考，并制订一个能够让你的长处得到最好发挥的计划。

(3) 不断地做出比较

每当你用你的长处完成一件事的时候，可以把你预期的结果和现有的结果比较一下，这样可以帮助你找到你长处的缺陷和已经落伍的部分。一旦找到这些存在于你的长处之下的问题，那么就立刻着手去弥补和改进，这样就能让你长处更具竞争力，并不会随着时间的推移而变得不再那么具有优势。

(4) 不要对长处以外的知识与技能不屑一顾

许多学有所长的人，往往对其他领域的知识嗤之以鼻。专长和能力是一张网，需要你设法去获得各种必要的能力与知识来编织。不要仅仅从眼前的那点既得利益去分析自己究竟该在团队中学什么、做什么，而是要从长远出发，选择那些能够给你带来提升与挑战的事情去完成，选择那些能够让你更有学识的知识去学习。

(5) 不仅要会"避短"，更要会"补短"

扬长避短是一种智慧。扬长避短首先表现为始终保持清醒的头脑，能客观分析形势，冷静估量自己。又体现在工作中审慎的选择，打有把握的仗，做擅长的事。一是正确认识自我。在古希腊的一个智慧神庙阿波罗神殿大门上写着一句箴言："认识你自己！"这就是闻名遐迩的阿波罗格言。同样，"知彼知己，百战不殆""识时务者为俊杰""不以鸡蛋碰石头""避强击弱"等，这些俗话哲言都揭示，为人处世、开展工作要学会判断形势，正确看待自我，善于扬长避短，不作无畏牺牲。

要正确认识自己的精神面貌、道德品质、才能、优点、缺点，自己的过去和现状，才能保持一分清醒和睿智，做到于人于事面前，要权衡估量自我，不能自不量力；要经常反思和自省，贵有自知之明。既有闻过则喜的淡定，又有洞察缺陷的敏锐，亦有敢于揭短的从容。二是坚持有所为有所不为。我们应明白这样一个道理，正是我们每个人都或多或少地存在不足和缺陷，所以不是每项工作我们都能胜任，不是每一件事我们都能干到极致。在自己不擅长的领域贸然行事，只能增加失败的概率，给团队建设和个人发展带来损失。有所为有所不为正是基于这样一种考虑，多在自身优势明显的领域倾心作为，少在缺陷短板的项目倾注力量。多将长处集中到重点工作，少把不足暴露在关键之时；能出效益、助发展和利长远的事多干,在有限的能力范围内最大限度地出成果见成效。

要善于化被动为主动。你在工作中之所以出现被动局面,其中之一是对承担的工作不专业、不内行,或是优势受制于各种条件和因素,无法充分施展。这需要你在不利中寻对策,于弱势中找方法,化被动为主动。对不精通的工作任务,要善于用好自己的长处,学习借助他人的优势和资源。

从长远看,扬长避短只能是权宜之计,而非长久之策,如果一味扬长避短,则发展必然会受到制约,进步无疑将遭遇瓶颈。古今中外,凡有所作为的名人志士,无不在取长补短上下功夫。毛泽东同志在耄耋之年仍学习英语,以图进一步放眼世界;乒坛名将邓亚萍虽然铸就了乒坛辉煌,但退役后到清华大学外语系学习,最初连26个英文字母都写不全,但凭着补短板的决心和毅力,最终取得了英国剑桥大学博士学位。任何一个人都渴望得到价值认同,都期盼事业取得成功,但这需要全面过硬的能力素质作支撑,也更需要最大限度地压缩自身薄弱空间。其实在一个团队中从事专业不对口、岗位不相称的工作的人不在少数,切不可以此为借口,疏于学习锻炼,在岗任职许久却仍是门外汉。对此应有多学一份专业多一分才干的意识,哪里薄弱补哪里,找准不足使实劲,瞄准弱项下功夫,努力成为素质全面的人。

只有拥有"补短"的能力,才能让工作成绩真正得到提升。工作成绩一定程度上来自于丰富的工作经验,取决于能力素质高低,工作成绩低正是一个人能力素质存在薄弱环节、有短板弱项的表现,这一切均可通过取长补短来实现。取长补短只会使优势有所创新,短处有所突破,帮助人的素质更为全面、能力更为突出,能够承担的工作任务也会更为多样和具体,工作上的高标准自然得以实现。

取长补短需经常作为。取长补短并非一时兴起而为之,也不是短处暴露而为之,而需要常抓不懈、持久努力,才能使自身缺陷从量变走向质变。一是要有补短克弱的紧迫感。"以人之长续其短,以人之厚补其薄",才能不断进步,成就事业。现代管理决策学中众所周知的"木桶理论",

盛水的多少取决于最短的那块木板,即我们通称的"短板"。日常工作中,要使自己多"盛水",既不能满足于扬长避短用得恰到好处,也不能因为有所进步而沾沾自喜,对于自身的短板弱项必须如视针毡,想方设法予以克服和解决;要将之作为潜在的"毒素"隐患,存在一天就可能祸害自己一天,要尽早化解和消除;要有勤能补拙的信心,作好勤学苦练、全面提高的思想准备。

扬长避短,但绝不要逃避自己的缺陷;取长补短,但绝不要去过分追求做一个完人;发挥长处,也绝不能忽视自己致命的缺点。在自我进步的路上,不仅要避短,更要在"避短"的前提下掌握"补短"的方法,补足自己的短板,避免自己的价值从短板的缺口中"流出去",从而让自己在团队中表现得更出众。

4. 用培训来加长团队的"短板"

前面我们也说过,团队的最大竞争力,不是取决于某几个人的卓越和突出,而是取决于它是否存在突出的薄弱环节,取决于它的整体状况。同样的,一个团队的竞争力不取决于它的人才有多少,而是有多少"短板"在拖后腿。要增加木桶的容量,就要对短板进行加长,使之与最长的木板相齐。当团队中的某个员工成为"最短一块木板"时,他可能会影响到该部门甚至整个公司的业绩。

要使整个团队竞争力增强,就要对那些拖后腿的"短板"员工增加培训力度,使其在学习中增长知识,补齐短板,增强团队合力。

培训的方式可以有很多种,比如借助外部专业的拓展培训公司,针对团队内各类型员工分别进行培训。这种培训方式是最高效,最经济的培训方式。专业的拓展培训公司，拥有高资历的拓展培训教练及内训教练、特色的培训方案、特定的培训基地，通过个人拓展项目，团队拓展项目，能够提升员工的责任心，加强员工间的信任，降低内耗，提升士气，加强团队合作。企业内部有条件的可以开展内部培训。挑选一些有实力的人才向接受培训的人员传授他们成功的工作经验与工作技巧，这种方式相对耗人力和物力多一些，但是能员工能起到更好的激励作用。

培训的主要内容包括知识培训、技能培训和态度培训。其中最重要的是态度培训。所谓态度，也就是一个人的思想觉悟。热爱企业，热爱工作岗位，关心团队，以团队的利益为上，这些都是一个人的思想觉悟。思想觉悟高的人会不计小利，以大局为重。在工作岗位上多年没有明显业绩，对团队的工作制度存在不满，对岗位热情不大。这类人就是态度中的"短板"。需要集中培训，使其改变态度，增长信心。

知识培训包括个人品德修养和工作中各种知识的培训。包括礼仪、办公、互联网和时事的认知与理解。良好的道德修养能让人站在哲学的、历史的、文学的、艺术的高度看问题，有利于增强人的创造能力；另一方面，有了良好的道德修养，就能抵挡住一些不正当的物质、功利的诱惑，让自己远离贪欲，少犯错误。而对于基本礼仪的掌握和对互联网、时事的认知能促使人有危机感，由此更加珍惜工作。总体来说，就是让一个人不被旧思想禁锢，不被时代抛弃。掌握时代变化的大方向，不因为自己所学太少而在合作中成为"短板"，影响合作结果。

技能培训是针对各个岗位不同，专业不同组织的专门培训。团队的技能培训是为了增强员工技术能力，使员工在某项技术上有所突破而举行的培训。技能培训和学历教育不同，学历教育侧重综合素质的提高，而技能培训注重某项技能的提高。技能培训更具有针对性，而且学时较短，注重某项领域的突破。技能培训包括对员工的理论知识和实操能力的培训。光有理论知识但用不到实际操作中，就只能是纸上谈兵，如果光有操作技能，对理论一窍不通，技能上就不会有大的突破。掌握熟练的操作技能是每个员工对自己岗位最好的交代。而且操作技能也是团队对每个员工最基本的要求，毕竟员工最主要的就是做好一职工作，有一技之长，能够把这一技之长与其他员工分享经验，就变成了团队合作，员工就成了团队中的精英。同样，没有过硬的专业技能，就是技术人才中的"短板"，会在合作中拖团队的后腿。这是团队成员不允许的，也是管理者必须改变的。

　　团队培训作为一种很大众化的培训方式，它仍然是当代企业管理中的基本培训方式。它在协调团队成员关系，促进成员之间的合作，更好、更快地达到组织的目标方面发挥了不可替代的作用。通过针对性的培训，员工会向最长的"木板"看齐，有效地避免了短板的副作用，团队也就加长了短板，变得更有力量。

5. 团队知识共享，才能互通有无

　　知识共享是指员工彼此之间相互交流的知识，使知识由个人的经验扩散到组织的层面。这样在组织内部，员工可以通过查询组织知识获得解决问题的方法和工具。反过来，员工好的方法和工具通过反馈系统可以扩散到组织知识里，让更多的员工来使用，从而提高组织的效率。很显然，这种知识共享对于工作、对于合作都是大大有利的。但是现实中却不是这样。我们常常看到，一个人有一套绝活但从来不愿展示；一个人有一个好的解决问题的办法，他只会在关键时候使用，从来不与他人分享。为什么很多团队中知识不能共享，或者说为什么太多的人不愿意知识共享呢？其实是老观念旧思想引起的。

　　在团队中，一个人拥有独特的工作经验或者某方面独特的知识，象征着这个人在团队中的地位。在竞争越来越激烈的组织环境中，一个人拥有这样独特的本领是他在组织中地位的保证，证明他有着无可替代性，让人不得不对他刮目相看。如果他将自己的"独门绝活"拿出来与大家一起分享，结果会有被其他人取代的危险。这样看来，分享就"傻"，所以他不愿意。自古就有师傅带徒弟不教绝活的说法。因为师傅要将自己所学全部都教于自己的学生，自己就会被学生代替，再无展示的机会，再没有人看重他。这也是很多团队中一些人稳坐某一个位置而无人替代的原因。其实在一个团队中，有这种想法并不可取。团队之所以力量强大是因为有合作，合作让每个人的优势发挥出了最大力量。团队的初衷就是要将所有成员的优势让别人看得见，学得会。换一种说法，也就是知识共享。有知识共享，才能相互学习，相互帮助。你会的，你教我，我会的，让你学。这样才能让力量整齐划一，整齐的力量才能算得上是团队的力量。一个人能力再强，始终不可能把团队的事情做完，做圆满。我们拿一个岗位的技能来打比方。张三对这个岗位的技能有一套独特的技巧，而李四刚好对这方面有些欠缺。如果张三不教会李四，一是李四需要舍近求远，去其他的地方学习，这不仅花费时间，也花费更多的精力；二是李四学会这套技术之后会对张三不教会自己从心底里不满意，于是二人无意之间产生了隔阂，这对于合作不利。可见，知识共享对于团队的和谐和合作都是有好处的。我们再拿一个岗位来打比方。比如张三会电脑操作技能，且很有一套，但是他对机械操作不太熟悉，李四对机械操作很熟悉，是老员工，但是对于电脑操作生疏得很。二人如果一起来相互学习，张三向李四学习机械操作，李四向张三学习电脑技术，二人各有所得，共同进步，皆大欢喜，这就是互通有无的效果。知识共享，才能互通有无。如果老是把自己的知识藏在心里不愿与他人分享，那么你不可能进步。因为你想学的东西，别人也不会轻易教你。一个团队如果大家都这样，不仅和谐不在，合作也不可能。

要做到知识共享，互通有无，最好的办法就是让员工与员工、领导与员工之间建立起相互信任的关系。没有信任，说什么也都不会让人相信，没有信任，想让别人说什么都无法让对方开口。信任是两个人传递正能量的基础。没有信任也就没有合作。要得到同事的信任，要从关心同事，真诚与同事合作做起。把同事当成真正的朋友，有困难时伸出手帮扶一把，工作中虚心向同事请教，同事不会的主动帮忙。不管大事小事，都要拿出真心与同事相处。不当面一套，背后一套，不在他人面前说闲话，不在领导面前打小报告。什么时候都堂堂正正。职场上本来就没有完全的公平，利益面前，总是有人要吃亏。你甘愿成为那个吃亏的人，同事会看在眼里，日子一久，信任自然就会产生。有了信任，就有了知识共享。

知识共享，互通有无，能降低团队成本。人类社会已由工业经济时代进入知识经济时代。知识已经成为企业的重要资源，不同于物质资源，知识在使用过程中，没有被消耗，相反的，它的作用随着传播和共享而不断增大，具有边际成本不变，边际收益递增的趋势，能起到降低企业运营成本的作用。就像我们所说的，如果张三不会的事情，不向李四学习，就要舍近求远，花费财力物力和浪费时间。而直接向李四学习，既不花精力也不花时间，就简单容易得多。团队内部如果能做到知识共享，就能减少投入，增加收获。

知识共享，互通有无还能让企业处于不败的竞争之地。一些人独自掌握着某些方面的技能，如果不能共享，其价值是浪费的。哪怕他对团队有所贡献，但是这种贡献远远比不上把技能拿出来与团队中其他人共享，这样，个人的力量就变成了大多数人的力量，团队也因此有了强大的竞争力。随着时代的进步，知识共享会越来越受到企业、团队的重视。因为知识在共享时会成倍的增长，被越多的人共享，就能发挥越大的效益。把个人知识藏于内心，不愿共享往小了说是自私心理，是不愿别人从自己身上学到更多，往大了说是对团队不负责任，是不愿意看到团队的发展，不愿意为团队发展作出贡献。知识共享不是拿出你的绝活而没有任何回报，而是你在奉献出你的知识的同时，你也能够从别人身上学习到对你有用的知识。而学到的这种知识同样是你需要的。

团队管理者要做知识共享的表率，把自身学到的知识与经验毫无保留的传授给自己的员工，同时学会互通有无，从员工身上学习自己不会的技能与知识，使得团队有良好的学习气氛，有更好的发展前景。

6. 全面学习、全员学习，踏上进步的阶梯

前面说到团队成员个人的学习。整个团队更需要学习，要全面学习、全员学习。真正铸造学习型团队，团队才会踏上进步的阶梯，不断前进。

所谓学习型团队，是指通过培养良好的团队学习气氛、充分发挥团队成员的创造性思维能力而建立起来的一种有机的、能持续发展的团队。这种团队具有持续学习的能力，具有高于个人绩效总和的综合绩效。学习型团队都具有以下几个突出的特征。

（1）全员学习

即团队的决策层、管理层、操作层等都要全心投入学习，尤其是管理决策层，他们是决定团队发展方向和命运的重要阶层，因而更需要学习。

（2）终身学习

即团队中的成员均应养成终身学习的习惯，这样才能形成团队良好的学习氛围，促进其成员在工作中不断学习。

（3）全面学习

即学习必须是贯彻于团队系统运行的整个过程中。管理学家约翰·瑞定认为，任何团队的运行都包括准备、计划、推行等三个阶段，而学习型团队不应该是先学习然后再进行准备、计划、推行，不要把学习与工作分割开，应该强调边学习边准备、边学习边计划、边学习边推行。

（4）团队学习

即不但重视个人学习和个人智力的开放，更强调团队成员的合作学习与团队智力的开发。这样的团队崇尚的是自主管理。自主管理可以让团队成员边工作、边学习并使工作和学习紧密结合。通过自主管理，团队成员

可以自己发现工作中的问题，自己选择合作伙伴，组成新的小团队，自己选定改革、进取的目标，自己进行现状调查；自己分析原因、自己制订对策，自己实施，自己检查效果，自己评估总结。团队成员在"自主管理"的过程中，能形成共同愿景，能以开放求实的心态互相切磋，不断学习新知识，不断进行创新，从而增加团队快速应变、创造未来的能力。

作为团队管理者，要打造学习型团队，带领团队踏上进步的阶梯，首先要学习"引"。团队学习的关键在于管理者，团队管理者在团队学习中首先要作出表率，发挥"领头羊"作用，要精学业务，勤学修身知识，提高自身综合素质和驾驭全局、协调各方、解决矛盾的能力，以适应不断发展的急迫需要。其次要体现核心作用，在学习中形成团队发展的规划和思路，通过审视自身工作的利弊得失，以前瞻、开阔的系统思维方式引领团队走科学发展之路。

所有的学习都要以人为本。学习的主体是人，我们首先要解决团队成员学习观念上的认同问题。也只有解决了认同问题，才能调动团队每一个成员的学习积极性和热情。通过打造特色理念和团队精神，以正确的价值取向形成维系团队的精神力量，促使员工不仅在心理上认同，还要内化为自觉的行动，实现被动式的"要我学"到主动式的"我要学"和"要学好"的转变。

坚守扎实的学风。学习的效果与学习的方式方法关系密切，效果不佳的团队学习主要归因于学习内容空洞、学习与工作脱节、学习时间不能保证等几大因素。因而在团队学习中首先要忌做表面文章、摆花架子，应制订切实可行的学习计划，定期开展学习，长期坚持，确保学习效果。其次要杜绝单一的接受式教育模式，通过多种形式，使学习与工作融为一体，在团队中营造人，时时、处处、事事学习的氛围，实现工作学习化、学习工作化的目标。

不断促进团队学习。团队学习离不开机制的驱动和促进。一是要通过建立公平竞争的激励驱动机制，让团队成员充分体会到"时不我待"的紧迫感和危机感，持续地引导学习行为，保持高度的学习热情，二是要建立学习和工作绩效挂钩机制,将学习能力作为衡量个人工作能力和绩效的重要指标,发挥"标杆"效应,引导员工投身学习,三是要发挥榜样的示范作用,积极培养学习典型,大力弘扬爱岗敬业、刻苦学习的精神,以点带面,促进团队整体学习能力的提高。

坚持到底,持续学习。打造学习型团队是一项复杂的系统工程,它不是就某个时段、某项学习内容而迎合某种外在形势的学习,而是一种管理机制的变革。观念的培育、氛围的形成、机制的建立都是一个漫长而精益求精的过程,需要分段实施,循序渐进。因此,我们必须从团队工作实际出发,立足于提升团队整体实力,稳步扎实地推进。对员工来说,只有每一个员工都在积极学习,他们所在的团队才能成为学习型团队,同时,在学习型团队中的每一个员工也会不断成长。这是一种无形的培训。

当然,作为团队的一员,每一个员工都要认真学习,不断进取,让自己在本岗位上有新的突破,创造更多的价值。团队领导者更要明白,在团队中靠自己一个人的进步是不可能有更大作为的,只有全员共同学习,一起进步,才能有好的成绩,才会共同踏上进步的阶梯。

第七章

重视细节，认真优化团队合作的策略

合作是需要方法的。如何高效地合作，让每一个环节都恰到好处，这就需要认真优化团队合作的策略，不放过任何一个细节，排除合作中的各种障碍，找出最佳的合作方案，取得最大的利益，打造完美团队。

合作思维：从单兵作战到合作共赢的工作新逻辑

1. 工作无小事，细节决定合作的成败

职场上看不上小事的人实在是太多太多，他们总认为做一些繁杂的小事对于人生的成就毫无意义，要做就做惊天动地的大事，要做就做得响亮，让身边的人都知道自己的能力。小事是什么？小事就是每天必须要着手去做，做不好就会影响人生的事。从这点看来，其实没有什么所谓的小事，都是大事。吃饭、穿衣、为人处世、工作学习，这些都是人生大事，但无一不是从点滴小事中体现出来的。民族复兴是大事，实现中国梦是大事，改革开放是大事，但这些大事都需要从老百姓的日常生活中开始做起。可见还是没有什么大事，把小事做好，积累起来，就成了大事。

老子曾经说过："天下难事，必作于易；天下大事，必作于细。"日常工作中，注重细节，才能将工作真正做出成绩，做到极致。也许你的工作确实琐碎而单调，你可以嫌它们过于平淡，但不能瞧不起它们，更没有理由因为它们平淡琐碎就不去做好。生活就是这样，我们可以有远大的理想与宏伟的目标，但是万丈高楼需要平地起，不愿意做小事，做不好小事，你是不可能有所作为的。忽略小事，不重视细节往往在工作中会失败，因为细节才是成败的关键。

2003年2月1日美国东部时间上午9时，美国"哥伦比亚号"航天飞机准时起飞，升空80秒后爆炸，机上7名宇航员遇难，而调查结果表明，造成这一灾难的"凶手"竟是一块脱落的泡沫击中了飞机左翼前的隔热系统。应该说，飞机整体性能等许多技术指标是一流的。但是一小块脱落的泡沫就毁灭了价值连城

的航天飞机和无法用金钱衡量的生命，实在是不值得。

细节往往因其"小"，而容易被人忽视，掉以轻心；因其"细"，也常常使人感到烦琐，不屑一顾。但就是这些小事和细节，往往是事物发展的关键和突破口，是关系成败的双刃剑。要成大事，就要在做小事，做好小事的过程中培养做大事的能力。细节来自于用心。认真做事只能把事情做对，用心做事才能把事情做好。成功者的共同特点就是善于发现常被人们忽视的细节，能把每一件小事做到极致。工作没有大事小事之分。我们每个人所做的事都是小事，但是把每个人的成果拿到一起，就成了大事。只有具备高度的敬业精神，良好的工作态度，认真对待工作，将小事做细，才能在细节中找到创新与改进的机会，从而不断提高工作成绩。

要做好每一件小事，首先要在理念上对小事有个正确的认识，认识到大事是由若干小事构成的，世上无小事，对每一件小事，都要当成一件大事来做。认真、踏实、勤奋地做好每一件小事，才是我们做事的原则。

"泰山不拒细壤，故能成其高；江海不择细流，故能就其深。"一个团队中想做大事的人很多，但愿意把小事做细的人却很少。我们不缺少雄韬伟略的战略家，缺少的是精益求精的执行者；决不缺少各类管理规章制度，缺少的是规章条款不折不扣的执行。要在一个团队中成为能做大事的人，就要先着手于小事。把小事做到极致，必须改掉心浮气躁、浅尝辄止的毛病，提倡注重细节、把小事做细。看不到细节，或者不把细节当回事的人，对工作缺乏认真的态度，对事情只能是敷衍塞责。这种人无法把工作当做一种乐趣，而只是当做一种不得不受的苦役，因而在工作中缺乏工作热情。他们只能永远做别人分配给他们的工作，甚至即便这样也不能把事情做好。而考虑到细节，注重细节的人，不仅认真对待工作，将小事做细，还会注重在做事的细节中找到机会，从而使自己走上成功之路。

一个团队中如果有总是想做大事而不愿着手小事的人存在，那么这个人一定会在团队中不受欢迎，甚至还会影响团队发展。因为不愿做小事，就意味着领导分配给他的任务他不会按时、按质的完成。不愿做小事，就意味着总是无所事事。这种人思想落后，工作不积极，心存抱怨，认为自己的平凡是上天不公，而从来没有意识到是他自己不愿努力的结果。与这种人合作会麻烦不断，困难重重。管理者一旦发现有这种人存在，应当及时给予思想上的帮助，让其迅速改变态度，否则就只有离开团队了。就合作来讲，不管是团队内部的工作合作还是团队外部的利益合作，都需要从小事着手，把小事做好，把工作做细。这样做一是可以得到对方的信任，二是自己才有底气。当你把工作做到极致而让对方无话可说的时候，合作就一定是愉快而成功的。

某省一家医疗器械厂与美商关于引进"大输液管"生产线的谈判已结束，第二天就要正式签订协议了。但是在车间参观时，这家医疗器械厂的厂长向墙角吐了一口痰，然后用鞋底去擦。这一幕让美商彻夜难眠，他让翻译给厂长送去一封信："恕我直言，一个厂长的卫生习惯可以反映一个工厂的管理素质，况且，我们今后要生产的是用来治病的输液皮条。贵国有句谚语：'人命关天！'请原谅我的不辞而别……"

两家企业合作是大事，但吐痰也不是小事。就因为吐了痰而让对方终止了合作。这就是工作无小事，这就是细节影响成败。在合作的过程中，我们往往可以通过一些小事来看对方的人品与合作的态度。假如每个人能把自己所在岗位的每一件小事做好、做到位，这就已经成了大事。作为一名管理者，在工作中必须把常规工作做到位，以身作则引导员工从小事做起，从本职工作做起，把工作做细，做到完美。合作是我们走进团队的初衷，如果没有良好的合作或者因为我们个人原因影响了合作，那么我们进入团队就失去了意义。很多小事，一个人能做，另外的人也能做，只是往往做出来的效果不一样，原因是用心的人会在细节上下功夫，细节决定工作质量，细节决定合作的成败。身为管理者不仅自己要从小事做起，把小事做到位，还要大力提倡，让团队的每个成员都树立做好小事才能成大事的意识。内部合作都是你推我让，不愿在小事上下功夫，与外部合作就肯定会失败。

2. 各司其职，团队讲求的是蚁群效应

团队的目标是由团队中的每一个成员共同去完成、实现的。在团队中，无论是总经理、中层领导，还是员工，只有每个人都能够各司其职，负起责任，团结合作共同努力，才能铸造整个团队的成功。因而每一个成员都做好自己的工作，并相互支持，使团队效益达到最大，是很重要的。这一点我们可以向蚁群学习。

蚂蚁的世界一直为人类学与社会学学者所关注，它们的组织体系和快速灵活的运转能力是人类需要学习的地方。蚂蚁有严格的组织分工和由此形成的组织框架，但它们的框架在具体的工作环境中又有很大弹性。比如它们在工作场合的自我组织能力特别强，不需要任何监督就能形成一个良好的团队而有条不紊地完成工作任务。蚂蚁发现食物后，如果是两个蚂蚁同时发现的，它们会分别走两条路线回到巢穴，边走边释放出特有的气味，先回到巢穴的释放出来的味道更重，这样它们的同伴就能选择最近的路线去搬运食物。可见蚂蚁群体效应集中优势：一是弹性——能够迅速根据环境变化进行调整；二是强韧——一个个体的弱势并不影响团队运作的高效；三是自我组织——无须太多的控制和管理就能自我完成工作。

蚂蚁的工作是分工与合作的。一只蚂蚁搬运食物往回走时，碰到了下一只蚂蚁，他会把食物交给他，自己再回头，碰到上游的蚂蚁，将食物再继续接下来，然后转向其他下游蚂蚁。蚂蚁在哪个位置换手不确定，唯一不变的是起点和目的地。这种工作链

使得它们工作的效率大大提高,使得团队实现高效。蚂蚁之所以能够以微小的身躯搬回大量的食物,一方面是因为它们团结一致,向着同一个目标努力;另一方面是因为它们各司其职,在自己的岗位任劳任怨,不偷懒,还能根据环境变化自我进行调整,而不需要强制性的管理。这种精神正是我们人类团队需要的精神。

在团队协作上,"能者多劳"是基于先完成本职工作而言的,一个优秀的团队,应该是各司其职,各自做好自己的本职工作,才能够有条不紊,忙而不乱,如果大家都放置手中的工作,东忙一阵,西望一阵,工作就会变得混乱,不说业绩,起码的任务都不可能完成。

孔子说"不在其位,不谋其政"。意思是说:你处在一个什么样的位置上,就要做好分内的事情。换一个角度来说就是,不在那个位置上,你就别去考虑那个职位所赋予的职责。因此,处事者要各司其事、各司其职,不可越俎代庖。

团队管理者要善于分析团队成员各自的性格特征、能力、体力和环境等具体条件,并了解和把握好团队成员的期望值,进而根据这些认识去安排他们的角色职责。此外,关心他们的工作进度与成绩是必要的,但是交给员工的任务就是要放心地让他们去做,去独立完成。如果对员工的工作总是不放心,每件细小的事情都要过问,都要员工请示,那么员工就没有了自主权,也没有做好工作的信心,至少在他看来,上司是不够信任他的。做好自己的工作,并带领员工在本岗位上做到完美,这就是上司的职责与义务。

西汉时,丞相丙吉出城视察,路上遇见有人打架,结果还死了人,丙吉视而不问。再往前走,又遇见了有人在赶牛,牛累得伸着舌头直喘粗气。丙吉赶紧命令落轿,派人去询问情况:"你们赶了多远了?"丙吉之所以这么做,那是因为百姓相斗而死伤了人,管这种事是长安令、京兆尹等官员的职责。牛喘得那么厉害,是因为太热了。若是春天就那么热,那是时令失调,不符合节气的征兆，就会极大地影响秋天的收成，关系到人民的吃饭问题，这才是丞相丙吉的职责。

可能有的人会觉得既然是各司其职，还谈什么合作？做好自己的工作，不问他人成绩不就行了？我们所说的各司其职与相互合作是不冲突的。只有在各司其职，做好本职工作的情况下才能有更好的合作。之所以有分工，就是因为各个工作之间存在着差异，需要不同的人去完成，而合作又是因为这些工作之间有着相互关联。比如生产线上，每一道工序的工作内容是不相同的，但是只有每道工序上的工作圆满完成才能最后组成一个完整的作品。假设其中一道工序上的员工放弃了自己的工作而去到别的岗位上做其他的事，那么他的这道工序的停滞势必会影响到下一道工序的进展，甚至会让后面所有的工序停工。这就是分工与合作。分工是把工作细化，合作是让所有细化的工作在一定的时间后汇总。各司其职并不是说只要做好自己的工作，而对他人的工作不闻不问。蚁群效应就是指在做好本职工作的前提下，如果有其他临时变化，及时作出调整，大家相互帮助，以达到合作成功的目标。团队需要的同样是这种效应。首先是做好本职工作，当有其他临时变化时，再及时作出调整，哪怕没有领导安排和布置，也能根据具体情况，为达到计划目标而自觉调整。个体的弱势并不影响团队的高效。也许我们的工作很不起眼，我们个人的能力也很有限，但只要与团队中的成员齐心协力，就一定能打造一个高效团队。

3. 谦逊低调，构建团队合作的气氛

低调做人是做人成熟的标志，是为人处世的一种基本素质，也是一个人成就大业的基础。无论你有着多高的实力，权力有多大，任何事情面前

都时刻保持谦逊,这就是人品。向日葵在籽粒尚不饱满的时候,镶嵌着金黄色的花瓣,高昂着头,随着太阳的升起和降落,摇来晃去,唯恐别人看不到它。一旦籽粒饱满它便会低下沉甸甸的头,因为它成熟了、充实了。人也是一样,越是谦虚低调的人越会受到大家的欢迎。

团队合作的关键是平等和公平,是相互尊重和理解。如果太过自我,狂妄自大,是很难与大家精诚合作的。特别是团队领导者,更需要有谦虚低调的作风,才能带出和谐高效的团队。如果凡事都因为自己是领导而摆架子,对下属没有好言语,除了批评再无沟通,这样的领导自己做不出成绩,团队也做不出成绩。他的团队总是死气沉沉,没有生机,人们在压抑的环境里机械地工作,找不到半点乐趣。摆架子必然会伤到别人的自尊心,使别人产生怨恨的情绪,导致下属工作被动消极,团队合力受到影响。

同样,在团队取得成绩时,作为团队领导者更需要谦虚低调,切不可揽功推过,把功劳算作自己的,把过错算给大家的。这样的领导者是不可能赢得拥护和支持的。一个团队的成功与领导的管理是分不开的。但是成功并不意味着除了管理者,其他人没有功劳。团队中做出一点成绩时,不要因为自己的管理有方而沾沾自喜,更不要与下属去争抢功劳。这是管理者的大忌。谦逊低调的领导总是表扬称职的下属,以激发他们工作的热情与斗志,同时还会在上司面前对有能力的员工大加赞赏,以得到上司的重视。要知道,上司开始重视你的下属,你离晋升的日子也就不远了。如果领导是一个谦逊而低调的人,下属中即便是有些做事高调、做人同样高调的人,看到领导的表现,会不自觉地收敛自己的张扬,毕竟领导的形象摆在那儿,所有人都看得见的。

谦逊低调的人在职场上会比过分张扬的人走得更顺利。因为谦逊低调使他们避免了许多不必要的麻烦。低调在很多时候可以保护自己,也可以与他人和睦相处,患难与共。就像一个管理者,因为低调与谦逊,下属便愿意靠近,愿意与他交朋友,愿意与他说知心话,这些无形之中让管理者更容易了解团队成员的思想状况与工作状况,分配工作时就简单易行,布置任务时下属也会执行得更好。低调会使人具有吸引力、凝聚力，使别人乐于交往。香港巨富李嘉诚常说："做人要尽可能地保持低调，以免树大招风。如果你始终注意不过分显示自己，就不会招惹别人的敌意，别人也就无法捕捉你的虚实。"管理者的谦逊低调并不是藏着自己的本领，而是从心里看重员工，与他们打成一片，与他们共进退，共担当。他们不会因为自己学识优渥而话语浮夸、自以为是，不会因为自己职位比别人高就显得高高在上，不可一世。他们明白世上没有学得透的学问，没有掌握完全的知识，任何人都有不足之处。他们敢于在员工面前承认自己的短板，敢于向他人请教。他们更明白只有谦逊低调，方能团结身边的人，使团队一团和气，相互之间才能更好地合作。

　　低调谦逊不是让自己变得卑微，而是更多地得到周围人的尊重。能够放下身架让自己保持低调谦逊的人，一般都是有内涵，有修养的人。他们不会唯我独尊，不会视别人为空气，更不会想方设法来打压那些有能力又有见解的下属。他们尊重团队成员的劳动，尊重他们的想法，尊重他们应有的权利，哪怕自己位居别人之上，也从不以权谋利。做事可以高调，做人却一定要低调。高调做事是一种责任，是自信，而低调做人则是海纳百川的大气。自以为能力强、权力大的人往往给人轻浮、不踏实的感觉。这种人即使在领导位置上也不会得到员工的尊重。一个合格的领导会正确对待自己的优点，不论别人怎么夸奖，心中始终明白，自己并不是十全十美的人，还有许多缺点需要改正。谦逊低调的领导不仅会对自己的下属做好表率，起到言传身教的作用，对上司也会更加尊重、服从。这样的管理者才会在团队中具有足够的影响力，使上司放心地把工作交给他，员工听从他的指挥，认真完成他所交代的任务，上下一心，构建团队合作的气氛。

4. 灵活应对，避免合作中正面冲突

一个团队由若干人组成，每个人都各有性格特点，每个人处世方式各不相同，在工作过程中，产生冲突是不可避免的。有时冲突可能是学习新东西的开始。但是如果发生正面冲突，则会伤害和气，使合作不愉快甚至终止。作为管理者，应该在团队中防止的避免正面冲突的发生。一般来说，发生冲突的可能性有与上司的冲突、与同部门员工的冲突和与下属的冲突。当冲突来临时，我们不要由着性子来争辩，更不要为了维护自己的利益而使冲突没完没了，应该灵活面对，避免正面发生冲突。

(1) 避免与上级的冲突

与上级的冲突分公私两种。于公大多是因为某个决策方案意见不一致，这种冲突除了合理地对上级提出建议，就只有听从上级安排。毕竟作为下属，服从和执行才是最好的表现。但如果是明显的重大的错误，服从是不行的，那就只有向更上一级反映情况，并对事情给予说明，让更上一级出面解决，一是可以避免发生正面冲突，二是少于争论。两个人无论怎么争论都是不会有结果的，还不如保持沉默。于私方面，不是每个上级都是宽宏大量、包容下属的。遇到小心眼、好嫉妒、不容人的上级，要在保护自己的同时，不与上司计较。以维护良好关系为出发点，只要不损害集体利益，团队其他成员的利益，能忍则忍，能让则让，这是避免与上级正面冲突的最好办法。

(2) 避免同级部门之间的冲突

同级部门之间的冲突大多来于工作中的竞争。一些不太正直、光明磊落的人在竞争中喜欢做些小手脚以求得竞争胜利。这种时候每个人心中都

会有气，但气归气，总不能冲进对方办公室大打出手吧？遇到这种情况，要做到冷静，避免矛盾激化。如果不是出于私心，仅仅是为了大局出发观点不一致，那么更应该仔细分析，找出问题根源，拿出最真诚的态度来和对方商讨最佳方案。没有人会拒绝一个真诚想和你和解的人，何况还是为了集体利益，两个人就更没有理由发生正面冲突。和解时可以推功揽过，把功劳归于对方，肯定对方长处，把不足归于自己，找出自己的问题，并真心表达自己的歉意。部门之间是要长久合作的。即使对方是竞争对手也要胸襟坦荡、气度豁达、包容宽恕别人，保持既亲密热切又有适度距离的平衡的合作关系。加强信息沟通，分工不分家，彼此合作，互相支持，竞争而不拆台，创造同舟共济的良好关系。

（3）避免与下级的冲突

管理者与下级的冲突来自很多方面。有的是管理者对下属工作不满意带来的情绪不满；有的是下级对上级安排不满意带来的；还有的是因为分工合作中临时出现的令双方不快的事情等。不管是哪种原因的冲突，管理者都要站在公平的立场上正视冲突。不要因为自己职位高，就一味地把责任推到员工身上。这是不高明的离散人心的做法。只要不是原则上的错误，管理者可以适当迁就员工，让他们从心里服从领导。避免正面冲突就要不以权压人，处事公正，发扬民主，尊重下级，得礼也让三分，不要得礼不饶人。在与员工沟通时注意语气和态度，即使你有心和解，但语气强硬，员工也不会心服。与员工发生冲突，管理者要自省，工作中是否做到容忍下属、对下属的批评有没有言过其实，对事实的真相是否了解清楚了？处理问题时是否公正公平？发生冲突是不是因为沟通不到位所致？凡是愿意主动找自身问题的管理者大都能够避免与员工的正面冲突，因为他们会在冲突到来之前做好安抚工作，让员工相信自己的诚意，相信自己的人品，即使有不满意的地方，也会在领导的解释下服从安排。但管理者如果处处工于心计、气量狭小，处处流露出小家子气，那么，不但不会取得真正的成功，也体会不到任何团队协作的满足与快乐，更不用说能避免冲突了。一个团队如果冲突太少，则会使团队成员之间冷漠、互不关心，缺

合作思维：从单兵作战到合作共赢的工作新逻辑

乏创意，从而使团队墨守成规，停滞不前，对革新没有反应，工作效率降低。如果团队有适量的冲突，则会提高团队成员的兴奋度，激发团队成员的工作热情，提高团队凝聚力和竞争力。但冲突太多或者是正面的冲突就会伤及和气，使团队成员对合作失去信心。管理者一定要把握好冲突上的"度"，既要支持良性的冲突，又要避免正面冲突，这样才能让团队团结一致。

(4) 避免同事之间的冲突

俗话说"牙还会碰到舌头"，同事之间朝夕相处，共同工作，有分歧、有矛盾、有冲突都是很正常的，但为了更好地合作，要尽可能地避免冲突。这就要求同事之间一定要信任。如果缺乏信任，合作肯定难以全心全意。要坚信同事和自己一样，都会将团队的利益放到最高位置，在这个前提之下，一切冲突都会很好解决。有时候冲突是因为我们过快下决定，导致误会发生。所以如果有什么问题，一定要经过深入研究和调查之后再做结论，不要匆匆下结论。许多团队分崩离析就是因为误会，所以，千万别让矛盾到了无法挽回的境地。与之相反，让你的合伙人享受到提出质疑的好处。避免冲突的另一个秘诀就是对事不对人，就事论事，而不是把事情和人扯到一起，特别是涉及人品、人格上，那是最伤人心的，极易导致冲突。如果发现同事之间关系紧张，务必尽早修复，千万不要拖着，因为越拖越不利于关系的修复。而紧张的关系是难以有良好的合作的。

避免正面冲突一是要以集体利益为先。不管什么原因，谁对谁错，只要是影响集体利益的行为，就一定是不对的，在这方面管理者一定要有原则。比如一个员工与管理者发生正面冲突是因为员工泄露了组织的机密，违背了公司的规章制度，但是员工拒不认错，认为这是他私人的事情，与管理者无关。这种行为显然是公司不容的，管理者要在第一时间汇报上级，请求公司出面处理。这样避免了正面冲突，也维护了公司的利益。二是要以团队合作大局为先。合作是团队组成的最终目的。没有了合作，团队就失去了意义。凡是影响合作的行为，都是要制止的。总之要开动脑筋，灵活处理。处理时要让对方看到自己的真诚，才能既保全团队的合作有效，又能避免不必要的冲突。

5. 求同存异，寻找双方的共同利益点

团队合作最为重要的就是"求同存异"。只有建立在共同意愿之上的团队合作，才是团队生存的基础，这就是团队核心思想的求同。而同时，团队也会在协调合作中充分尊重员工的个性，给予团队员工充分的自由与信任，以提升团队的战斗力，这是团队核心思想的求异，而尊重才是真正的"存异"，团队正是通过求同存异才能达到团队的和谐，才能保持团队的凝聚力。

团队中总是会有各种各样的成员，性格方面，他们有的内向，有的外向；思想方面，有的没什么主见，有的比较偏激，习惯方面，有的爱计较，有的爱占便宜，有的是老好人。但是团队归团队，我们都是奔着共同的目标，可以和而不同，也就是说求同存异。团队成员的荣耀与梦想系在何处，知道他们的追求与执着在哪里，需要的是更多的认同与宽容。整合多元价值观，凝聚共识的过程，实际上是以更多创新举措寻找他们的差异化需求与企业核心价值观之间的最大公约数。两种价值观并非完全绝缘，其间必有交集的部分。

有人说，如果想要造一艘船，先不要雇人去收集木头，也不要分配任务，而是让他们感受航行的美好，只有激发他们对海洋的渴望，才能更好地为航行的目标去奋斗。在价值观求同存异的过程中，原有约束和教育类的沟通方式或许成效并不大，以身作则为大家亲身示范，以感召他们对企业价值观的认同会是更有效的方法。

我们常常说的西游记里的师徒四人，虽然性格各异，但是目标相同，

都是为了取得真经。他们一路上斩妖除魔,历尽千辛万苦,最终还是达到了团队目标,虽然每个成员都有自己的个性,他们如果最大限度地发挥自己的才能,就可以实现自己在团队中的价值,那么整个团队的战斗实力也会凸显出来。

团队精神的基础是尊重个人的兴趣和成就。核心是协同合作,最高境界是全体成员的向心力、凝聚力,反映的是个体利益和整体利益的统一,并进而保证组织的高效率运转。

求同存异分开来说,求同就是寻找思想认同,行为趋同;存异就是张扬个性,尊重差异,鼓励创新。一个团队因为人员关系的复杂,不可以要求言行一致,观点一致,个性一致,所以为了达到合作成功的目的,最好的办法就是求同存异,保留可以保留的。以何为标准来求同存异呢?那就是双方的共同利益点。

团队中每个人都有个体的差异,要让这个有着各种差异的团体聚集在一起发光发热,管理者就要有广阔的胸襟,允许别人与自己不同,尊重别人发表不同意见的权利,并且理智慎重地斟酌对方的意见。了解自己的员工,明白他们各自不同的需求,以最大的尊重来求同存异,才能保持团队的凝聚力。有人说团队就像是一部完整的车,部件完整,车能够正常行驶,少一个部件车就会出问题,团队成员就是车的部件,部件只有在车上时才有价值,否则单独一个配件是不具备车行驶价值的。而无论什么车总会出现问题,就跟团队一样,无论多大能量,团队工作中总会出现这样或那样的问题。而有些人不明白这个道理,总是一味追求完美团队,对团队成员总是吹毛求疵,要么要求团队成员与自己高度一致,要么要求团队成员都是精英中的精英,事实证明精英不可能在同一个队伍中完成同一项任务。每个团队都需要高端人才,也需要在一线打拼的普通工人。管理者要一视同仁地对待每个团队成员,平等相待,不把一己之欲强施于人。同时在工作中要放大别人的优点缩小别人的缺点,而对自己要正视缺点缩小优点,学会宽容理解。要有"志同道合是伙伴,求同存异也是伙伴"的意识,真心团结和关心每一个团队成员,为了共同的利益而负起自己的责任。

团队意识是员工主动将自己融入整个团体，并对整体利益进行思考的一种主观意识，在共同的目的、共同的工作目标和共同的相互负责的影响下，有利于企业的快速发展。管理者要清楚个人在企业团队中的地位、职能和责任，正确处理自身同企业团队及其他个体成员之间的关系，在保证企业团队整体利益最大化的共同目标下开展工作。

6. 追求双赢，把竞争对手变为合作伙伴

在任何一个行业中，竞争是常态，合作也是常态。与其与竞争对手死耗到底，还不如把对方变成自己的合作伙伴，既多了朋友，又有合作上的共赢，可以说是两全其美的好办法。同行不一定就是冤家，职场上有竞争才有比较，有竞争才有提高，竞争对手是给对方比照的镜子，是让自己走向进步之路的恩师，以真诚的合作与竞争对手相处，用和谐取代战争的硝烟，用双赢取得单打独斗的胜利，是职场上最聪明的做法。

市场要求企业不断加快创新速度，于是压力越来越大。一些曾经短兵相接的竞争对手开始选择在不损害各自的竞争优势的前提下，结成战略联盟。通过合作，双方不仅可以共同分担产品开发的成本与风险，获取规模经济效益，还能共享资源与人才，同时企业也节省了大量的人力与物力。

麦当劳最开始就是自家开的那种街边汉堡店，它跟隔壁汉堡店竞争，目的就是打败他的竞争对手，把别人的顾客抢到自己手里。后来麦当劳想出了另外一种方法，它不再在商业战略的思维里面来想盈利的办法，而是花很多的时间跟自己竞争，去规范化它的生产流程和管理流程，并把成果变成两本手册，再来整合，

最后发明了一种商业模式。这种商业模式我们现在叫作加盟或者叫作连锁。通过这种加盟连锁的商业模式麦当劳就把以前的竞争对手变成了合作伙伴。它花了一亿美元来规范化它的生产流程和管理流程，以一百万美元卖给它的加盟商。现在它有四万多家连锁店，四万多家是四百多亿美元。它用一亿美元创造了四百多亿美元的价值，这个价值实际上就是合作的价值。

美国的 RealNetworks 公司曾经向美国联邦法院提起诉讼，指控比尔·盖茨的微软公司违反《反垄断法》，并要求其赔偿十亿美元。但在官司还没有结束的情况下，RealNetworks 公司的首席执行官格拉塞却致电比尔·盖茨，希望得到微软的技术支持，以使自己的音乐文件能够在网络和便携设备上播放。所有的人都认为比尔·盖茨一定会拒绝他。但出人意料的是，比尔·盖茨对他的提议表现出出奇的欢迎。盖茨通过微软的发言人表示，如果对方真的想要整合软件的话，他将很有兴趣合作。常人不可理解的事发生在世界首富比尔·盖茨身上。他的成功，源于很多因素，包括他对商机的把握，他天才的设计能力，但其中还包括他对对手所采取的态度。

在合作时代，竞争和合作并不矛盾，也绝非水火不容、不可融合的两极，也并不是一方成功另一方失败的关系，竞争与合作是相辅相成的关系，是你中有我、我中有你的关系，竞争中有合作，合作中有竞争，最终的结果是双赢甚至多赢的关系。如果纯粹地竞争或者合作，都不可能达到这样的效果。

下过跳棋的人都知道，六个人各霸一方，互相是竞争对手，大家彼此间都想先人一步，将自己的10颗玻璃球尽快移到预定地点。如果只讲求合作，放弃竞争，一味地为别人搭桥铺路，那别人会先到达目的地，导致自己彻底失败。相反，如果你只注意竞争，而忽视合作，一心只想拆别人的路，最终自己也会孤零零地被甩在后面。这就需要大家在竞争中合作，在合作中竞争，最终都能通过别人的桥而达到自己的目的。

在竞争中合作，在合作中竞争，最终的结果就是双赢或多赢。现代竞争，不再是"你死我活"，而是更高层次的竞争与合作，现代企业追求的不再是"单赢"，而是"双赢"和"多赢"。

团队成员之间同样如此，既有合作又有竞争。就像在一个篮球队里，在对抗赛中，队与队之间是竞争关系，而每个篮球队内各成员之间则是合作关系。每个队员都想为全队多作贡献，投篮命中率高的队自然是优胜者，而投篮手则需要其他成员的密切配合。一个群体内部进行合作时，必然与其他成员展开竞争。竞争与合作其实是相互依赖的。一个团队中的各个成员既是相互竞争的对手，也是为了团队目标而共同努力的个体，合作与竞争并存。所以，不要把竞争对手当成是敌人，他们同时是合作伙伴。必须在竞争中合作，在合作中竞争，以竞争来促进大家的工作热情，催生工作创意，又通过合作来达到共同的目标。

同在一个团队，同为一个目标，虽然在工作中互相较劲看谁更出色，但是为了整体的目标，大家又是合作伙伴。所以团队合作中一定不要把竞争对手看成敌人，而应当是伙伴，大家携手共进，在竞争中不断提升，在合作中收获成功。

第八章
高效执行,创建雷厉风行的团队作风

团队的效率高不高,关键看执行力强不强。在如今这个讲求效率的时代里,团队的执行力往往就意味着团队的竞争力、生命力。一个没有执行力的团队、一群没有执行力的员工,最终都只能被时代淘汰。所以创建高效执行的团队作风是相当重要的。

合作思维：从单兵作战到合作共赢的工作新逻辑

1. 执行力是检验团队合作的标准

团队合作越顺畅，自然执行力越强，这是肯定的。从某种角度来说，执行力就是检验团队合作的标准之一。有高效执行力的团队必然是干劲十足、员工热情高涨的团队，是说动就动、雷厉风行的团队。

执行，是一个既古老又年轻的话题。说它古老，是因为自人类诞生那一刻起，就开始了执行；说它年轻，是因为执行作为管理学领域的一个热点，21世纪初才开始传入中国并在业界刮起"执行风暴"，以至于中国团队界把2003年称为"中国团队执行年"，许多团队开始对"执行力"这个话题给予了前所未有的关注。引发这场风暴的是国外几本关于执行力的书籍在中国的登陆。这场风暴从团队界开始，很快便蔓延到其他各个社会组织，席卷整个中国。执行成为一个热门话题，一个时尚主题，一个点击率很高的词眼。因执行力不够而导致事业失败、企业破产的事情，也屡见不鲜。

2008年9月15日上午10时，拥有158年历史的美国第四大投资银行——雷曼兄弟公司向法院申请破产保护，消息转瞬间通过电视、广播和网络传遍地球的各个角落。令人匪夷所思的是，10时10分，德国国家发展银行居然按照外汇掉期协议的交易，通过计算机自动付款系统，向雷曼兄弟公司即将冻结的银行账户转入3亿欧元。毫无疑问，这笔钱将是肉包子打狗有去无回。

转账风波曝光后，德国社会各界大为震惊。财政部长佩尔·施泰因布吕克发誓，一定要查个水落石出，并严厉惩罚相关责任人。一家法律事务所受财政部的委托，进驻银行进行全面调查。

几天后，他们向国会和财政部递交了一份调查报告，调查报告并不复杂深奥，只是一一记载了被询问人员在这10分钟内忙了些什么。这里，看看他们忙了些什么。

首席执行官乌尔里奇·施罗德：我知道今天要按照协议预先的约定转账，至于是否撤销这笔巨额交易，应该让董事会开会讨论决定。

董事长保卢斯：我们还没有得到风险评估报告，无法及时做出正确的决策。

董事会秘书史里芬：我打电话给国际业务部催要风险评估报告，可是那里总是占线。我想，还是隔一会再打吧。

国际业务部经理克鲁克：星期五晚上准备带全家人去听音乐会，我得提前打电话预定门票。

国际业务部副经理伊梅尔曼：忙于其他事情，没有时间去关心雷曼兄弟公司的消息。

负责处理与雷曼兄弟公司业务的高级经理希特霍芬：我让文员上网浏览新闻，一旦有雷曼兄弟公司的消息就立即报告，现在我要去休息室喝杯咖啡。

文员施特鲁：10时3分，我在网上看到雷曼兄弟公司向法院申请破产保护的新闻，马上跑到希特霍芬的办公室。当时，他不在办公室，我就写了张便条放在办公桌上，他回来后会看到的。

结算部经理德尔布吕克：今天是协议规定的交易日子，我没有接到停止交易的指令，那就按照原计划转账吧。

结算部自动付款系统操作员曼斯坦因：德尔布吕克让我执行转账操作，我什么也没问就做了。

信贷部经理莫德尔：我在走廊里碰到施特鲁，他告诉我雷曼兄弟破产的消息。但是，我相信希特霍芬和其他职员的专业素养，一定不会犯低级错误，因此也没有必要提醒他们。

公关部经理贝克：雷曼兄弟公司破产是板上钉钉的事。我本想跟乌尔里奇·施罗德谈谈这件事，但上午要会见几个克罗地亚客人，觉得等下午再找他也不迟，反正不差这几个小时。

德国经济评论家哈恩说，在这家银行，上到董事长，下到操作员，没有一个人是愚蠢的，可悲的是，几乎在同一时间，每个人都开了点小差，加在一起，就创造出了"德国最愚蠢的银行"。

是该表扬雷曼兄弟的执行力高，还是该批评德国这家自毁长城的银行执行力高？全世界的人甚至连从来不懂金融的傻子都知道，这个时候向雷曼转钱非常愚蠢。可这一大帮子金融精英却没有一个人过一下脑子，阻止一下这种愚蠢至极的行为。通过这十分钟内他们所做的工作来看，似乎每一个人的工作都无可指责，可为什么还是会出现这样重大的失误呢？

说到底，还是执行力的问题，是合作出了问题。仔细分析这钱为什么会转出去？要是相关的责任人通力合作，真正把这件事当成一件大事来对待，结果很可能不是这样的。当然德国银行平常严谨、规范的运转制度也可能帮了"倒"忙，但制度是死的，人是活的，能发现问题并及时纠正正是死板的机器或制度不及人之万一的地方。但在这次，一系列重要人物对雷曼兄弟倒闭的消息竟然听之任之，完全没有引起警觉，没有采取任何可能的防范措施，使3亿欧元成为了有去无回的"肉包子"，也让所有人都成为了一个笑话。

如果这家银行的反应再快那么一点点，执行力再强那么一点点，有一个人发现问题并及时阻止，这样的笑话是绝对不会发生的。但是，很遗憾，一切就这么匪夷所思地发生了！

为什么一件只需一分钟就能解决的事情拖拖拉拉一直没能办？为什么明知道不利的消息会对银行产生大的影响却无人提及？为什么明明看到了问题所在却没有人提出解决的方法？这些都是因为执行力缺乏所导致。无论对于一个团队还是一个企业来说，没有执行力，就没有竞争力。

所谓执行力，也就是指贯彻战略意图，完成预定目标的操作能力。执行力是把战略规划转化成为效益、成果的关键。它包含完成任务的意愿，完成任务的能力以及将战略规划落地的能力。

从某种意义上说，执行能力也就是团队的生存能力。如果团队的执行力良好，那么的生命力就会很强大。但是如果团队中的一个或是多个环节存在执行能力不足，就可能导致团队工作运行不畅，团队发生危机的可能性将大大增加。

对个人而言，执行力就是按时按质按量完成自己的工作任务；对团队而言，执行力就是在预定的时间内完成团队的战略目标。因此，战略规划落地的关键在于执行力的强弱，而执行力提升的关键需要同时考虑个体层面、群体层面和组织层面，只有每一个层面都通力合作，执行力才会全面提升。

对于一个团队来说，个体执行力强，并不能代表团队执行力强，更不能代表组织执行力强，因而执行力的提升应从个体、团队和组织三个层面同时发力。

执行的第一层面比较简单，正是因为很多人太聪明了，以至于简单的事情就很难做好，听话照做很难。对规范和流程的尊重，只有如此才能让组织的基本行为协调一致，才能有基本的效率，这就是最基本的执行力。

但对一个团队来说，第一个层面的效率是远远不够的，这就需要第二个层面的执行，按照计划来做事情。看起来第二个层面和第一个层面好像是一回事，其实不然。对第一个层面来说，要做的事情是片段的、非连贯的，但对第二个层面来说是连续的、整体的。一个计划并不是一两个步骤做好就行，而要将整体的顺序都做好才能达成效果。如健身计划，就绝不是一两个动作做标准就能解决的问题。

有了第二个层面的执行，团队的运转就有了相对较高的效率，但仍然不够，这就需要第三个层次的执行：创新规划并落实执行。团队的进步在于创新、在于设计、在于策划、在于走出习惯的自我，而且不仅仅是要有想法，还要有实现想法的能力，这就是第三个层次的执行。

这三个层次的执行是逐步支撑的，第一个层次是第二个层次的保障，第二个层次是第三个层次的保障，只有到了第三个层次的执行，团队的效率才能够真正提升。而且更重要的是需要这三个层次之间的紧密合作。

执行力是团队成功的保障，也是检验团队合作成功的标准。具有高效执行力的团队，才有可能合作成功。无论是个人还是团队，都要有执行力，管理者更是要有强于他人的执行力作为行为表率，才能带领众人一起为团队合作加油。

2. 打造铁的团队，要靠铁的制度

国家治理离不开法律，团队管理离不开制度。不以规矩，不成方圆，要打造铁的团队，没有铁的制度就不行。

制度是一个团队价值观的体现，是团队一切活动的前提和保障，制度可以将团队的管理理念"化虚为实"，融化在管理或操作的流程之中，固化于职工的思维意识里。制度不仅总结团队的过去，规范团队的现在，很大程度上影响着团队的未来。只有人人遵守制度，团队才能井然有序。

科学家把六只猴子关在一个笼子里，并在显要的位置放了一串香蕉。猴子看见了香蕉，理所应当要去吃了。可就在猴子快要拿到香蕉的时候，科学家立刻用高压水枪射击猴子，迫使它后退。第二只猴子快要拿到香蕉时，同样家法伺候，几个回合下来，再也没有猴子敢接近香蕉了。

这时，科学家放走了一猴子，又放进来一只新猴子。新猴子没吃过水枪的苦头，看见了香蕉，很自然地去拿。令人吃惊的事情发生了：另外5只猴子一起跳过去，对这只新猴子一顿暴打，阻止它去拿香蕉。可怜的新猴子被痛扁，也不敢再去碰那个香蕉了。

科学家继续试验，从最先的五只猴子中放出一只，再放一只新猴子进来。相同的情况出现了，新猴子去拿香蕉，其他五只对它一顿暴打，而打得最凶的，居然是刚才那只新猴子。所以，这只新换进的猴子，也不碰香蕉了。科学家又拿出去一只老猴子，放进一只新的……最后试验的结果是，笼子里的六只猴子都不是原先的六只，也没有被水枪击过，但是都不吃香蕉了。因为新的猴群中每个猴子都因为试图够香蕉而被暴打过，从此，不能试图去够香蕉成为这个群体中的最高制度。

制度的效用就在于没有受到制度惩罚的人也能遵守制度。俗话说：没有规矩不成方圆。如果一个团队没有制度，在某一段时间也许也能有所发展，甚至在某一阶段、某一件事情上还会显得很有效率，但是从长远和整体上来看显然是不行的。因为一个没有制度没有纪律的团队事实上等于一个没有绩效、没有生产力的团队。制度不但是团队的制度，更是悬在每个员工头上的"达摩克利斯之剑"。

作为团队员工中的一分子，每个人都应该对团队制度心存敬畏，把制度作为自己的行为准则，这是做到遵守团队规章制度、维护和建设团队规章制度的前提。只有这样团队的制度才真正能够惠及团队，惠及你自身。

可能有些员工一直都对团队的规章制度怀有一些敌意，认为制度是限制自己"自由"的枷锁。然而实际上，团队的规章制度不但不是为了限制员工，反而是为了帮助、保护员工而制订的，如果深刻理解了团队制度存在的意义，就会对它有全新的认识，从而不自觉地发自内心对它提起敬畏。

首先，一个团队只有以制度保障作为前提，团队的生产力才能得到保障，而团队生产力是团队能否在竞争中得以生存的关键。作为团队中的一分子，团队拥有什么样的生产力往往也关系到员工的待遇与发展。团队的规章制度是通过经验的积累和对工作实际需要的科学总结制订出的规则。它一方面能够起到约束、督促员工在工作中尽职尽责的目的，另一方面也能够通过要求员工遵守规章制度而保证他们的工作效率和安全。

其次，作为一名团队成员，只有受到了制度的约束，才能够在工作中少走弯路、错路，才能避免很多不必要去承担的严重后果。在团队的规章制度中不难发现，除了保证团队正常生产秩序的部分，篇幅最大的可能就是对各个岗位上工作要求的部分。这些工作要求是经过团队日积月累的经验总结出的各个岗位如何干好工作的真知。而团队制度正是将这些经验与知识形成了一定框架，帮助大家更好地完成岗位工作。

其实回想一下身边的事例就不难理解，身边但凡有违反团队规章制度的人，他们最后都无法顺利完成自己的岗位工作，这证明团队的规章制度对于更好地完成岗位工作是大有帮助的。倘若没有规章制度来指导我们的工作，很可能因为盲目地尝试和毫无约束的工作行为让自己走很多弯路，让工作多出许多困难，甚至给自己带来巨大的安全隐患。

最后，团队规章制度更能提醒自己有意识地约束行为，改掉坏毛病，养成诸多有助于成功的优秀品质。在团队的规章制度中有很多对于员工行为的约束，而这些约束其实都是符合团队文化核心价值观的需要的，也是符合社会基本伦理道德需要的。无论是作为员工还是作为社会的一分子，这都是不能突破和逾越的底线。有了制度的约束，员工就会有目的、有意识地去改正自身认知上的不足，努力提升自己的道德修养和思想境界，养成很多有利于获得进步和成功的品质，诸如勤奋、诚实、有责任心等。

敬畏制度，才能遵守制度，遵守制度，才能贴紧团队。只有依靠这种敬畏之心，团队制度才能得到更好维护和执行，并且得到改进和发展，让制度文化在团队中得以盛行，让团队在制度的保护下实现共同进步。

仅仅有制度是不行的，制度的关键不在制订，铁的制度最需要的是铁的执行。执行不严，是很多制度成空的主要原因。在工作中，我们经常见到有的公司制度制订得比较完善，并把制度编制成册，或经常把制度性的标语贴在外面，可是一到执行中往往就变了样，不知道这样做是给公司内部人员时时提醒以求深入人心，还是摆个样子给外人看看而已。因此，制度制订后并不等于达到了管理的目的，关键是通过制度实现有序管理，使管理有法可依,并在管理过程中不断完善相关的制度。在这样的前提下,员工才会以制度为准绳保质、保量地完成工作指标。

> 纽约有家大型国有公司因为经营不善导致破产,后来被日本一家财团收购。厂里的人都在翘首盼望日本人带来什么先进的管理方法。出乎意料的是,日本只派了几个人来,除了财务、管理、技术等要害部门的高级管理人员换成了日本人外,其他的根本没动。制度没变,人没变,机器设备没变,日方就一个要求:把先前制订的制度坚定不移地执行下去。结果怎么样?不到一年,公司就扭亏为盈了。

再好的制度,不能严格执行也等于零。有制度容易,按制度办事难,让每个能人都按制度办事就更难。因此,团队领导对这些问题要常抓不懈,做到有章可循,违章必究,执行必严。

如何抓好制度的严格执行?

(1) 惩处要严

违反制度的行为,是对制度权威的公然蔑视和挑战,是对制度最大的伤害,一旦发生了,就绝不能轻易放过。否则,就会破坏制度的严肃性,妨害制度的公正性,降低制度的权威性,削弱制度的执行力。因此,对无视制度的行为,无论是谁,不管职务多高,都要坚持"制度面前,人人平等"的原则,毫不留情、决不手软地及时予以严惩。这样才能达到"杀一儆百"引以为戒的效果。

(2) 运用要严

制度出台后,只要其没有被修改或废止,就必须一以贯之地予以执行,绝不能因工作重点的转移而转移,因领导人注意力的改变而改变;更不能想用的时候就拿出来用,不想用的时候就束之高阁,要让其始终保持钢硬严厉的威严之势。

(3) 问责要严

对那些不执行、不认真执行或者不正确执行各项相关制度,不履行、

合作思维：从单兵作战到合作共赢的工作新逻辑

不认真履行相应职责的人，要严肃对待，并根据其责任的大小，及时采取谈话教育、责成书面检查、通报批评、取消评先选优资格、纪律处分等方式进行问责。并制订考核方式、责任追究等明晰细则，形成谁违反制度谁就要受到惩处的态势，任何人没有特殊，形成人人敬畏制度、个个严守制度的良好氛围。

（4）监督要严

对制度能否严格执行，这不仅取决于团队领导和成员自觉执行的程度，还在于是否对制度执行的情况进行监督检查。一些制度在执行中之所以走样变形，甚至被忽视、架空，使挑战制度者有恃无恐，同监督检查缺失，没有有效的制约手段有关。为确保制度一丝不苟地执行到位，必须在监督上下狠功夫。要健全岗位责任制，完善工作程序，以充分发挥内部监督和纠偏机制的作用，谁的责任谁负，谁违反制度谁就要担责。真正把对制度执行情况的监督检查机制建立健全起来，确保制度的严格执行。

（5）自律要严

常言道：打铁先得自身硬。在制度执行中要将严字贯穿始终，离不开团队领导的率先垂范。团队领头人要树立制度面前没有特权、制度约束没有例外的意识。平时凡要求团队成员做到的，自己必须首先做到。俗话说"喊破嗓子，不如做出样子"，只有带头执行制度、模范遵守制度，才能保证令行禁止。同时抓好制度的宣传教育，使团队成员深刻领会制度精神、熟知制度内容，不断增强制度意识，牢固树立严格按制度办事的观念，养成自觉执行制度的习惯，把制度转化为大家共同的行为准则、自觉行动，从而保证制度能够严格执行。

制度制订不一定要严，制度制订可以更有"人情味"，以人为本，可以按照团队成员的利益与需求稍作调整。然而只要制度一经确定开始执行，那么就必须不折不扣、不讲"人情"。只有严格约束执行环节，一项制度才能够真正发挥作用。倘若执行不严格，那么再合理的制度也毫无用处。要打造铁的团队，就必须有铁的制度，有铁的执行。

3. 协调一致，充分展示团队的力量

传统观念中，我们总是在工作中强调"以一当十"，也就是说一个人要发挥最大潜能，把一个人当十个的能力来用，"以一当十"是英雄，是精英，但只限于某一部分的能力。社会发展到今天，"以一当十"所产生的社会价值已经远远跟不上形势，相反，"以十当一"的新工作方法更能体现员工的个人价值。什么是"以十当一"？就是把十个人的力量集中到一起，让他们产生更大更多的力量。也就是我们今天所说的"团队合作"。"以十当一"的前提必须是大家劲往一处使，朝着共同的目标前进。也就是团队需要协调一致才能达到实现目标的可能。协调一致包括目标一致、思想一致，利益一致。有点这三点的高度一致，团队的力量就远远不是1+1＞2，而是无穷无尽。

在一片森林里，有两个好朋友狮子和熊，他们常常在一起打猎。这一天，目光敏锐的狮子发现了山坡上有只小鹿，狮子正要扑上去，熊一把拉住说："别急，鹿跑得快，我们只有前后夹击才能抓住它。"狮子听了，觉得有道理，它们两就分别行动了。

鹿正津津有味地啃着青草，忽然听到背后有响声。它回头一看：啊呀，不得了！一只狮子轻手轻脚向它扑过来了！鹿吓得撒腿就跑，狮子在后面紧追不舍，无奈鹿跑得真快，狮子追不上。这时熊从旁边窜出来，挡住鹿的去路。它挥着蒲扇大的巴掌，一下子就把鹿打昏了。狮子随后赶到，它问道："熊老弟，猎物该怎样分呢？"熊回答："狮大哥，那可不能含糊，谁的功劳大，谁就分得多。"狮子说："我的功劳大，鹿是我先发现的。"熊也不

> **合作思维：** 从单兵作战到合作共赢的工作新逻辑

甘示弱："发现有什么用，要不是我出主意，你能抓到吗？"

狮子很不服气地说："如果我不把鹿赶到你这里，你也抓不到啊！"它们两你一言我一语争个不休，谁也不让谁，都认为自己的功劳大，说着说着，它们两就打了起来。

被打昏的鹿逐渐醒了过来，看到狮子和熊打得不可开交，赶紧爬起来，一溜烟逃走了。当熊和狮子打得精疲力竭回头一看，鹿早不见了。熊和狮子你看我，我看你，后悔地直叹气。

显然，狮子和熊虽然目标一致，利益一致，但是他们思想不一致，最终还是没有实现目标——让鹿逃掉了。一个团队需要有一个核心领导者来协调员工之间所有的合作障碍，以达到高度一致。这就是管理者的任务。如果团队没有一个管理者，人数再多也不可能有大力量。因为没有带路人，就没有人承担责任。出了问题没有人负责；做好了工作没有人奖赏；需要发号施令时不知道听谁的；有困难时不知道找谁帮助。很多团队之所以到最后以失败而告终，就是因为没有一个高效的领导人。团队不是大家都说了算，也不是人人都来做主，这样会是一盘散沙，会死得很难看。

领导者负责把不同性格、不同能力、不同背景和不同岗位的人组合在一起，以企业文化为中心，激发员工的使命感和归属感，树立主人翁意识，使每个员工明白责任的重要性，同时因为自己是团队中的一员，有着不可替代的作用而有荣誉感。这样团队成员目标一致，利益一致，合作就会更顺畅，团队的力量就能完美显现。团队协调表现在以下几个方面。

(1) 工作关系的协调

共同的目标是把团队凝聚在一起的重要基础，有了对目标的共识，才能形成一体化的团队。要确立科学的战略目标、经营目标，并按目标来分配具体工作任务。工作任务包括完成工作任务过程中需要遵守的管理制度，使员工行为规范化，工作程序化，从而保证生产经营协调有序，高效动作。分配工作任务时要根据每个员工的性格特点和兴趣爱好以及专长来特定某些岗位，使得员工每个人都能发挥自己的长处，达到"才有所用"的目的，提高生产效率。

（2）利益关系的协调

利益不光是物质上的，也包括精神上的。比如员工的成就感，满足感与团队归属感等都是精神需要，也是员工渴望得到的利益。管理者要重视员工的这些需要，该奖赏的地方一定不能忽略，激励员工的工作热情往往体现在这些方面。物质利益是大多数人追求的目标。工作中强化物质激励，使企业与员工形成利益共同体。感受到一荣俱荣，一损俱损的现实意义。对待奖赏方面，一定要有公平的、规范的可行性制度，使员工感受到企业对待员工一视同仁的态度，从心理认同企业的做法，形成一种休戚相关的行为意识。

（3）人际关系的协调

人际关系是合作中最重要也是最关键的一点。没有良好的人际关系，合作就不可能圆满。试想一个团队中你争我斗，相互拆台，怎么可能有互利互赢？协调人际关系首先要使员工对自己充分信任，然后在自己的影响与协调下员工之间充分信任。这要求管理者本身要具备正直、忠诚、公正和坦率的品格。在工作中与员工建立良好的沟通，使团队成员达到思想上，认识上，行动上的一致性。工作中认识和意见不一致是很正常的事情，管理者绝对不要因为团队成员某一种想法或者某个观点不一致而把自己的思想强加于人，要与员工开诚布公的进行讨论，如果员工的建议和意见确实有利于团队合作，要大胆地接受并真诚地感谢员工。协调好人际关系有利于增强团结，有利于提高工作效率。管理者要注意增强自身的影响力，严于律己，以身作则，公正待人，与员工同甘共苦。尊重员工，关心员工，用自己的行为来调动员工的积极性，创造性。倡导友谊和爱心，彼此信任，相互理解，相互学习，共同进步。

团队力量是个人力量的组合。团队中每个人的力量并不耀眼，但是集中起所有人的力量，那么我们的团队就会是一颗灿烂的星星，任何时候都闪耀着光芒。只要我们团结一致，我们就是那个力量最强大的集体。

4. 确定目标，第一次就把事情做对

目标是对活动预期结果的主观设想，是在头脑中形成的一种主观意识形态，也是活动的预期目的，为活动指明方向。具有维系组织各个方面关系构成系统组织方向核心的作用。有了目标，才有前进的方向。目标错误，那么行为就不可能正确。一个团队的目标是创造最大价值，为企业服务，为社会服务。它是由无数个小的、短期目标汇聚而成的。有目标才能正确对待前进中的困难与挫折。团队合作是每个人都要付出代价同时每个人都能得到利益的事情，能以最小的成本，最短的时间做到最好的结果才是达到了目标。而要做到这些，就必须每次就把事情做对，而不能重复为某一件事情耽误时间和精力，更不能从一开始就走错路，直至结果离目标偏差太远。

第一次就把事情做对，要求我们在工作中保证"零缺陷"。被誉为"全球质量管理大师""零缺陷之父"和"伟大的管理思想家"的菲利浦·克劳士比在20世纪60年代初提出"零缺陷"思想，并在美国推行零缺陷运动。后来，零缺陷的思想传至日本，在日本制造业中得到了全面推广，使日本制造业的产品质量得到迅速提高，并且领先于世界水平，继而进一步扩大到工商业所有领域。零缺陷理论核心是："第一次就把事情做对。"第一次把事情做对要求管理者对团队成员有明确的分工和责任划分，同时自己也要严格按照目标要求进行全方位管理。

我们身边总不乏"差不多"先生。他们把自己的工作做得差不多，把质量要求做得差不多，再重要的事情到他们手上都是差不多就行了。殊不知工作中总是出现以下情形：原本谈好的订单飞了、一个小小的失误让客

户怒气冲冲地走了、一句不合适的话让服务对象再也不上门了等,这就是做事"差不多"的后果。随着经济时代的转型,人们选择更加广泛,需求更加多样,标准更加苛刻。以往那种差不多思想已经不能让人容忍,他们要的是完美。作为团队的一员,不管我们是管理者还是普通员工,做什么工作都不能马马虎虎,感觉"差不多"就行了是一种不负责任的行为。严格要求自己,凡事精益求精,才能更好地与他人合作,才能在团队中有立足之地。总是以"差不多"的态度来工作、来要求自己的行为,不但会阻碍自己的发展,还会为整个团队带来损失。

伏尔泰说:"使人疲惫的不是远方的高山,而是鞋里的一粒沙子。"一位企业管理学家说:"一个公司有99名员工工作非常认真、谨慎,但只要有一名员工1%的行动偏离正轨,这个公司就有可能出现问题甚至会倒闭。"可见一个团队只要有一个人工作上抱有"差不多"的态度,都会让整个团队受损。有的人整天都在忙忙碌碌,从来没有停止过。大家还没上班他早已经到了公司,大家都在休息的时候他在加班,大家都下班了他还在加班。看起来是不是很敬业?但是他从来没有做出过成绩,时不时地还会被上司批评一番。为什么?没有目标,整天都在瞎忙。没有目标就跟苍蝇一样,瞎飞乱撞。做一名优秀的团队合作者,我们就要有目标,有动力,从接受任务的第一天开始,朝着正确的方向前进,做到每一次都把工作做到位。要么不做,要做就做到最好。

有"差不多"心理的人做事不认真,不仔细,出现问题也不正确对待,总觉得一点小问题,不会有什么大影响。这是一种侥幸心理,是不愿为工作负责任的表现。因为这种心理存在使得他们在工作中标准低、没有激情更没有创造力。每个人都会说自己有梦想,希望达到一定的目标,但是在达到目标的路上却做不到认真、坚持。消除"差不多"心理要强化自己的责任意识,确信自己在团队中的重要性,随时牢记自己的使命,将工作视为事业,用高度的热情主动工作,以脚踏实地、在岗一分钟负责六十秒的责任心来对待工作。

"第一次就把事情做对"其实是对工作起码的要求。如果一开始就存在错误，那我们的方向就会不明确，我们的付出就等于零。这样不仅耗费大量的人力、物力和财力，还会影响团队今后的合作。会让人气馁，失去信心。比如当我们踏上一辆车想要去东边，走了很远的时候，才发现我们所走的道路是去往南边的，这时你会怎么想？是的，一定是沮丧和懊恼，悔恨自己出发时没有仔细弄清目标方向。工作中也是一样，当你努力向前的时候，突然发现方向不对，所有的努力都前功尽弃，你同样会沮丧和懊恼。所以，我们要严格要求自己认真对待工作中的每一件小事，不要因为它小就忽略它的存在，不要因为它小就不重视它，第一次就把事情做对，对今后的工作有着极大的影响和动力。从财力方面来说，第一次就把事情做对，就是用最少的财力达到了最大化的价值，为企业节省费用和成本；从人力来说，第一次就把事情做对会对团队成员增加信心，感觉正在向目标一步一步靠近；相反如果做错，则需要返工，这样前面所有的劳动就成了无用功，误了时间，也费了精力，得不偿失。

不管从哪方面来讲，第一次就把事情做对是很重要的开端，所以管理者一定要确定目标，目标明确后，不同的职能部门、不同的员工在工作中才能形成一股合力，从而更好地发挥出企业团队的力量。明确团队成员每个人的责任，把大家团结在一起，以"零缺陷"的工作态度来朝目标前进，是每个管理者的责任。

5. 令出必行，用自己的执行力说话

一个企业的领导决定着一个企业的执行力，一个部门的领导决定着一个部门的执行力。执行力的实施是通过领导与员工之间的沟通和示范来推动的。团队的管理者要做到令出必行，掷地有声。凡是说到的，自己先能

做到，用自己的一言一行来证明制度的威力，让自己的执行力说话。

> 孙武去见吴王阖闾，与他谈论带兵打仗之事，说得头头是道。吴王心想："纸上谈兵管什么用，让我来考考他。"便出了个难题，让孙武替他演练姬妃宫女。孙武挑选了一百个宫女，让吴王的两个宠姬担任队长。孙武将列队演练的要领讲得清清楚楚，但正式喊口令时，这些女人笑作一堆，乱作一团，谁也不听他的。孙武再次讲解了要领，并要两个队长以身作则。但他一喊口令，宫女们还是满不在乎，两个当队长的宠姬更是笑弯了腰。孙武严厉地说道："这里是演武场，不是王宫；你们现在是军人，不是宫女；我的口令就是军令，不是玩笑。你们不按口令演练，两个队长带头不听指挥，这就是公然违反军法，理当斩首！"说完，便叫武士将两个宠姬杀了。场上顿时肃静，宫女们吓得谁也不敢出声，当孙武再喊口令时，她们步调整齐，动作划一，真正成了训练有素的军人。孙武派人请吴王来检阅，吴王正为失去两个宠姬而惋惜，没有心思来看宫女演练，只是派人告诉孙武："先生的带兵之道我已领教，由你指挥的军队一定纪律严明，能打胜仗。"孙武没有说什么废话，而是从立信出发，换得了军纪森严、令出必行的效果。

作为团队的带领人，一言一行都会被团队成员关注。你做得好，他们会有意识地去学习和模仿，你做得不好，同样会对他们产生不良影响。因此，你必须提升自己的执行力，并以尽可能高的标准来要求自己。比如你要求团队成员每天都要按时完成当天的任务，那么你自己首先做到了吗？你要求所有员工不准迟到，你自己每天是不是准时上班？俗话说：没有规矩，不成方圆。管理者应该根据自己团队的实际情况制订一些相应的规定，但是规定不在于禁锢人，而是在于让员工有章可循，加强自我约束能力。制度一旦成文，就要严格执行，否则就失去了其存在的意义。制度的执行比制度的制订要难得多。因为每个员工的素质不同，性格不同，对待事情的态度和看法也不同。管理者在执行上要公平对待每一个员工。不管他是你的得力助手还是普通员工，不论他对团队的贡献大小，只要是犯了错，就一定要接受惩罚。我们都不是圣人，可能你会对某一个员工的表现十分欣赏，也可能因为某一个员工总是让你找到"投缘"的感觉而下意识地对他们有几分偏爱，对于工作中有几个谈得来、格外重用的人也并不是什么大错，但是在制度面前，一定要摆平自己的心态，无论对谁都要公平。这样才会让员工从心底里承认这个制度是有效的。如果总是对人不对事，那么员工即使嘴上不说，但真正与自己利益相冲突的时候，一定不会善罢甘休。委屈心理是人们最常见最容易产生的一种大众心理。人们一旦觉得自己是受委屈的一方，就可能会出现违反管理者意志的行为，那么管理者也只有自食其果。

团队执行力从另一方面来看，其实就是管理者的威信。执行力最终体现是在一个人的业绩上。一个自身有修养和才能的管理者，在业绩方面也一定不是输家。把自己的事情做到完美，才有资格去要求别人。当你在自己的岗位频频出错时，你的说话权力就被剥夺，或者说了也是白说。没有人愿意听一个外行来指挥自己。要想在群众中树立威信，就好的办法就是做出成绩，让一眼就能看到的执行力替你说话。人们总是有一种"畏首"心里，只要你的执行力响当当，员工们就会有靠近你、遵从你的愿望。用自己的业绩说话，管理者有底气，员工也会觉得这个领导"靠谱"。这时你无论下什么指令，人们都会按照你的意思来行动。

令出必行不光是表现在管理制度上，管理者在日常小事中，也要做到令出必行，说到做到。一般不要轻易地承诺员工，一旦承诺就一定要兑现。比如因为某个项目的难度较大，管理者在鼓励员工加班时承诺"等这个项目完工，我给你们三天的休息时间"。说者可能无心，但听者有意。项目真正完成，不让员工休息三天就是说话不算话，就是骗人。也许员工中大多数人不说出来，但是他们已经将你的行为记在心里，在下次再许诺的时候，他们会怀疑你承诺的真实性，久而久之，你在他们心里就是个说话不算数的上司。自己都说话不算话，还要求员工有执行力，那岂不是很好笑?再比如会议上强调三天之内需要将某个任务完成。员工们加班加点,为的是在三天之内圆满完成任务。可是三天后,管理者却不闻不问,好像这个项目被遗忘了。于是下次再有类似的情况,没有人会加班加点了,因为他们知道,上司只不过是口头上说说,根本就没有要求三天之内真正完成。

令出必行不是针对某一件事而言,作为管理者,任何时候都要说到做到。尤其是与自己的行为也受到约束的制度方面,更是要以身作则,谨言慎行,把自己的工作做到"零缺陷",让员工信服你的执行力,并愿意效仿。

6. 快速行动,拒绝团队中的推诿扯皮

要带出一流的团队,团队就要步调一致,团结一心,所有人的行动像一个人一样快速而灵活,这就要求团队中的每一个人都有很高的合作素质。但是工作中我们常常会发现,遇到问题的时候,员工和员工之间、上级和员工之间、部门和部门之间,经常会出现推诿的现象。该办的不办,推给别人:"这不是我的工作,你找别人吧!""明明是他们部门的事情,怎么找到我们这儿来了?""我不管,我不出错就行,谁错找谁去!"……这样的团队,很显然合作不好,也不可能有很高的执行力。

为什么团队中会出现推诿扯皮的现象呢?原因很多,除了员工本身的大局意识、合作精神、责任心差之外,还与团队本身有关。

一是岗位职责划分不清,责任不明。团队中各岗位的工作职责缺乏梳理,导致岗位职责不明确,各岗位就没有详细的工作内容、工作说明和规范,员工们的职责几乎是凭借他们自己的理解和仅有的自觉性来履行的。

岗位的权责利不清晰，造成各部门、各岗位经常以不知道或不明确自己的工作为由，出现人浮于事、纠缠扯皮现象。

二是工作中沟通、协作不顺畅。在一个企业里，经营活动往往需要经过多个部门、环节的处理。虽然企业有整体上的目标，企业专业化的分工划分到各个部门时，会因不同的侧重而致使目标的差异性。这时如果公司内部缺乏沟通平台，各部门之间的沟通大部分是临时性的、个人性的，而不是一种有规律的集体的行为，故而沟通的内容得不到重视，成为无效沟通。尤其是当出现问题的时候，不主动寻求沟通，孤军奋战，就会使各部门的配合与衔接脱节，往往容易出现扯皮。

三是制度缺失，流程不规范，不执行。制度和流程只是作为行为准则。规范制度、流程是一方面，如何让制度流程真正执行起来才是最主要的问题。首先管理制度的制订要做到尽量全面、合理，好的管理制度还要保证不同员工在利益诉求上的公平、公正，让员工真正认同，才能达到行为上的协同。其次，明确每一环节的具体执行者，将任务具体分解到人，明确每人的职责，制订执行的标准。

四是多重领导，越级管理。多重领导，越级管理也是造成推诿扯皮的原因之一。越级管理对员工来说，不知道该听谁的，不知道该怎么执行先执行什么，工作缺乏计划性，出了问题就造成责任的推卸，过分地依赖领导。对他的直接上级的积极性也造成了很大的挫伤。

要根除推诿扯皮的现象，打造高执行力的团队，不拖不拉快速出击，需要团队从以下几点来抓起。

一是明确责任。明确责任，让每一个岗位、每一个人员都清楚自己的工作内容和工作职责。其实质就是明晰责权清单，从源头避免"多头管理"。对需要多个部门共同解决的工作，要明确牵头总抓部门和人员，避免"画地为牢""各自为政"。每个人、每个部门都要主动把握时间节点，主动做好自己的工作，主动配合别人做好工作。

二是严格问责。推诿扯皮之所以频频出现，很多时候是"不做事就可保证不出事""无过就是功"等观念在作祟。对此，必须严格落实问责制度，以使每项工作每项任务都能按时间节点、按要求保质保量的完成。如果完不成，就必须受到惩罚。

三要制订严格的制度。没有规矩，不成方圆。但事实上，即使职责再明确再具体，许许多多工作因人的素质、品质和能力不同，结果仍然会千差万别。部门和人的内在责任感、外在执行力终归要靠建立健全相关制度和流程来约束和激励。

团队执行力除了在推诿扯皮上出现问题，还在拖拉上出现问题。在高速发展的时代，高效的行动力已成为企业生存与发展的关键环节，不注重速度的企业，都将受到市场的惩罚。对于个人来说也是同样的道理，面对信息技术的爆发式发展，每个人都需要及时实现认知更迭，并迅速将认知、计划化为实实在在的行动。高效的执行力在团队中是非常重要的一股能量，没有了高效的执行力做任何事情都会容易松懈下来。推诿、扯皮和拖拉都是团队内部出现的问题，作为管理者要及时解决问题，只有问题解决了大家才会主动做事，团队的执行力才会得到提升，高效团队也才成为可能。

效率是衡量执行力的重要标准。高效的团队一旦接受任务，就应当快速出击，及时完成。必须尽早克服工作推诿扯皮、效率低下的现象，对看准的事情、议定的事项，要马上就干、立即照办，不折不扣、一丝不苟抓好落实，按时间抓进度，按进度讲绩效，按实绩论英雄。要鼓励员工坚持"今日事，今日毕"，并严格要求自己。作为团队领导人，在工作上说到做到，不拖拉，不推诿。主动争当标杆，敢于向团队成员说"向我看齐"，用自己的一言一行来做表率，引导员工，严格按照规章制度办事，并保证事情有满意的结果。

第九章

团队创新,让团队具有持久生命力

事物的发展规律告诉我们,任何事物都不是一成不变的,旧的思想观念、旧的管理模式、旧的操作方法等都会因为社会发展需要而改变。团队想要长久立足于竞争市场,就要不断创新。创新永远是企业得以持续发展的核心驱动力。

合作思维：从单兵作战到合作共赢的工作新逻辑

1. 每个岗位都是创新的舞台

创新是一个永远不老的话题，创新并不是少数几个天才的权利，每个人都能创新。在细节中创新，就是要敏锐地发现人们没有注意到或未重视的某个领域中的空白、冷门或薄弱环节，改变思维，突破定式，最终将你带入一个全新的创造境界。

事实上，创新并不只属于科研人员，创新无处不在，人人都有创新的经历，人人都可能获得过创新的成果，无论成果的大小。农民、工人、商人、教师、文人、军人、领导、管理者，都是如此。

每一份工作都可以成为我们创新的发力点，每一个平凡的岗位都是我们创新的舞台。只要我们端正态度，真正解放思想，找准位置，从身边创新做起，从岗位创新做起，坚持下去，我们就会赢得创新的质量和效率，就能感受创造的充实和价值。

不要以为自己的岗位平凡，创新和发明就会自己无关。再平凡的岗位，只要有认真细致的工作态度，有善于思考、勤于思考的习惯，有运用智慧、敢于创新的精神，一样可以创新，一样可以做出不同一般的业绩。不论什么样的岗位，无论怎样平凡的岗位，都一样可以成为你创新和发明的舞台。

国家电网江苏省电力科学研究院高级技师朱洪斌，在电力油气化验这个油务工岗位上一干就是 30 年。2016 年，他的创新成果"变压器潜伏性缺陷的油中气体检测技术及应用"获得国家科学技术进步奖二等奖，在人民大会堂以工人身份登上国家科技奖最高领奖台。

一名普通的一线职工，如何能在创新的道路上有所突破呢？他认为个人努力和平台环境缺一不可，"个人努力，精学理论知识、积极动手实践、向前辈请教是打好基础的必修课，如果没有好的专业基础，创新也就无从谈起；还要经常总结、开拓自己的思路，向专家学习、又不被专家的定论束缚住自己的手脚，这是创新的诀窍"。

　　"团队创新是成功的关键。我能够取得今天的成绩得益于创新工作室。"朱洪斌说，自己以前搞创新，天马行空，想到哪里干到哪里，成了不推广、败了无总结，更谈不上计划性和系统性，虽然小发明、小改造很多，但缺乏关联性，形成不了有规模效应的大成果。

　　2011年，朱洪斌劳模创新工作室成立，公司工会为他配备了人员、配套了资金、扩充了场地，制订工作室的发展方向和近远期计划。通过对以往三个成果的梳理和再研究，当年就夺得首届国网公司职工创新成果一等奖。2013年在省总工会指导下，获得"第四届全国职工优秀技术创新成果"二等奖。2014年朱洪斌劳模创新工作室被省总工会命名为首批"省示范性劳模工作室"，创新工作上了一个新台阶，目前已获国家科技进步奖1项，省部级奖5项，专利30余项，制修订国家、行业标准9项。朱洪斌本人获得"江苏省有突出贡献中青年专家"、首届"全国创新争先奖状""全国最美职工""江苏大工匠"等荣誉。

　　"小岗位同样有大舞台""每个岗位都可以成为创新的舞台"。这不是口号，而是事实。创新不于在工作的性质、职务的高低、岗位的差别，而在于对工作的热爱，在于有没有立足岗位创新的志向，能不能把你从事的工作当做事业来做，肯不肯花大力气去为它改进，为它创新。立足岗位搞创新，需要有脚踏实地、科学求实的工作作风，要看得见、找得准、够得着、抓得住、创得实。创新并不神秘，也不是高不可攀，恰恰相反，本职岗位才是创新的最好平台。本职岗位是我们熟知的岗位，在这里我们能发

合作思维：从单兵作战到合作共赢的工作新逻辑

现工作缺陷，能找到合理更新的办法。面对改革大潮，我们要勇敢地打破旧观念，去除"创新是科技，创新与自己无关"的想法，为企业创新，为团队开辟更宽敞的道路而出力。

每个岗位都是创新的阵地，都是我们创新的舞台，都存在着很大的创新空间。能不能创新，关键看他是不是有心人，是不是有志之人，是不是有激情的人，是不是敢创新的人。

1987年从宝钢技工学校走出来的王军，用20年的时间完成了从一名普通劳动者到工人专家的身份转变。2007年度"国家科技进步奖二等奖"为他再次"认证"了人生的价值。

"用心就会带来创新，小岗位也有大舞台。"在王军的手中，已有50多项专利获得国家专利局的受理和授权。这位辅助工种岗位上的一线工人，也为宝钢创造了数额惊人的利益。仅他负责并获得此次国家科学技术奖的"高强度全密判热轧矫直机支承辊技术"项目，就打破了依赖进口或仿制外国产品的局面，通过技术转让先后在许多企业推广，三年创造直接经济效益1.6亿元。

一个人1.6亿元。王军用创新证明了一个新时代技能型、知识型工人的身价。

岗位，就是员工创新的舞台，像王军这样立足岗位大胆创新的职工大有人在，许振超、白国周、孔祥瑞……一个又一个岗位创新、岗位成才的典范，都在向我们昭示着创新的活力，创新的魅力。

不要认为自己的工作普通，岗位平凡，创新就与我们无关。创新不管在哪里都可以进行，只要你在工作中有思想，有见地，有敢于创新的精神，不管在什么样的岗位，都能创新。修建青藏铁路，我们完成了多少技术创新，解决了多少世界性难题；北京奥运会场馆建设，我们又诞生了多少科技奇迹，激发出多少人类智慧。只要我们把"岗位创新"作为改进工作，提升业绩的一个突破口，我们一样可以创新，一样可以创造辉煌。

2. 墨守成规不如以变应变

要创新就不能墨守成规,不论是个人还是团队。工作中常常会发现,大家在一起合作久了,就会有很好的默契,能够高度配合,对于提高效率是极为有利的。但同时,如果就此按这样的程序一直坚持下去,不作改变,墨守成规,在面对新的竞争时就很有可能会给团队带来失败。所以在合作的同时,创新也同样重要。

有很多人认为,面对当今这个瞬息万变的世界,最有效的方法就是"以不变应万变","任他东西南北风,我自扎根石山中",以为坚守就能永恒。但实际情况并非如此。

俗话说:"穷则变,变则通,通则久。"企业的发展同样如此。如果不能及时适应发展变化,与时俱进进行改革创新,就很难逃开"盛极而衰"的结局。只有以变应变,方能有所作为。以变应变就要放弃那些经验主义,放弃老教条,老方法,不断地给企业注入新鲜血液,将压力转化为动力,不论是在知识技能上还是观念意识上,都从"新"开始,敢于"尝新",才能取得应变成功。"以不变应万变"或许对于某些传统型的做法有效,面对新时代新科技新思维的冲击,以变制变才是出路。团队合作也会带来以变应变,在变中求发展,在变中适应社会,在变中逐渐强大。

德国汉堡包刚问世时,问津者寥寥,只有一些上下学的学生顺道来光顾。它是怎么成为闻名遐迩的"热狗",畅销全球的呢?原来是有天,几个爱吃汉堡包的孩子,向父母要了零用钱来买汉堡包。有个孩子比画着手中刚买到的汉堡包对老板说:"你的汉堡包怎么像条长长的狗哇,你看,通体焦黄,还有尾巴(指那露在外边的木柄），还有体温，哈，咱们就叫它热狗吧！"孩子们天真的比喻，使老板灵机一动，他想出了一个推销汉堡包的妙计。德国人爱动物，尤其是爱养狗。老板抓住国人的这个心理，发展了爱吃汉堡包的孩子们的思路，编了一首"热狗！热狗！"的儿歌，教给几个常来玩的小学生，让他们在上学放学的路上唱，报酬是每天免费赠送两个汉堡包。果然，汉堡包这个"热狗"的名字，随着越来越多孩子唱这首儿歌的歌声，传遍全德国，漂洋过海传遍全世界。

以变应变，敢于创新才有出路。越是守旧越是离市场要求越来越远，越是不敢尝试越是走入死胡同。在当今这样一个瞬息万变的时代，那些已知的、曾经带来过成功的经验与方法往往成为人们前进的绊脚石。因循守旧，墨守成规只能故步自封，止步不前，创新才能更具有持久性。

创新需要勇气。创新意味着改变，意味着风险，意味着更多的付出有时候甚至会面对嘲笑。但只要你追求上进，只要你有梦想，你就需要有创新的精神，并在自己的岗位上付出比别人更多的代价。这也是一些人不愿创新、不敢创新的原因。有些员工明明有了新的想法，但由于不敢承担责任，怕出事，怕影响自己在领导心中的形象而放弃了那些好的想法。"不求有功，但求无过"，做一个"安分"的老实人，即使没有创新至少是循规蹈矩的。其实这种想法往往让他们的工作激情被扼杀，刚刚唤起的新思维被自己的胆小而放逐。在今天追求新事物的大环境下，这种做法是消极怠工、不思进取。长久下去，不仅没有了斗志，对本职工作也会自行降低标准，没有生气，离团队的要求越来越远。一个团队的管理者如果有这种思想，便会使整个团队陷入"无斗志"状态，他的行为与思想直接导致员工没有发展的可能。

"我们一直是这么做的""大家都是这么做的，到我这儿怎么能改？"这是墨守成规的人的借口，他们说得理直气壮，做得理所当然。但正是这种行为，让我们的企业、我们的团队少了活力，缺失了竞争力。他们是让企业被市场淘汰的凶手。一个爱企业、爱团队的管理者绝不会让自己的团队丧失竞争力，所以他们关注改革，乐意创新。即使在创新的路上布满荆棘也义无反顾，知难而上。创新改革并不是否定过去的成绩，而是在过去的成绩中找到最新工作方法，让成绩更加突出，让力量更加增长。"发展才是硬道理"，企业靠什么发展？靠什么与他人竞争？老路谁都会走，只不过走着走着就掉了队，跟不上步伐。唯有创新发展，才能历久弥强。

要变，首先当然要打破固化思维模式。合作的时候，因为双方都对过去已经有过的成就过于看重，或是对未来的期许过大，都会导致合作时墨守成规，不思变化。一定要看清未来，明白合作的最终目的，双方都把眼睛盯着未来的方向和利益最大化的可能性上，"变"就顺理成章了。

"变"才有机会，"变"才能应对变化，才能制约变化，以不变应万变已经不可能了，只有以万变应万变，才能不断成功。变老路为新路，变旧识为新观，变对手为伙伴，让合作更有威力。

3. 突破束缚，让创新思维为岗位添彩

创新思维是指以新颖独创的方法解决问题的思维过程，通过这种思维能突破常规思维的界限，以超常规甚至反常规的方法、视角去思考问题，提出与众不同的解决方案，从而产生新颖的、独到的、有社会意义的思维成果。创新思维的本质在出新，是打破常规的求新、求异思维，其本质在于采用新思路、新方法创造新成果。思维成果的独创性是创新思维独特性的重要表现。创新思维的最大特点是突破传统思维定式，突破旧观念束缚，实现思维方式的变革和思想观念的更新。

一个人在火车站附近手机被偷了，马上请朋友给自己手机发了一条信息："哥，火车快开了，我等不到你，先上车了！欠你

的两万块钱，我放在火车站寄存处的你取过东西的柜子里，你自己去取。"半小时后，小偷在火车站寄存处柜子前被生擒。

从这个小故事中我们可以看到新思维新方法解决问题更有效。假如被盗窃者按常规做法，先报警，再寻求帮助，调监控，找证人等一系列麻烦他人过后，结果可能是毫无头绪。但他的新思路新方法能在半个小时后就让小偷自投罗网。可见新思维有比陈旧的方法更好使。大家都知道这个社会单凭某一个人的力量很难有多大作为了，而团队的需求也在变化。以往的团队总是强调经验，学习经验，而现在强调的是创新，是改革，新东西更受欢迎。

培养创新思维首先要突破思维的束缚，要突破权威、经验的局限，打破限制思维的条条框框，背弃教条，放开手脚，摒弃循规蹈矩或是故步自封的思维模式，因为这些都限制了创新的可能，更抹杀了发展与自我突破的可能。

突破思维的束缚，要敢想敢做，想人之所未想，做人之所未做。在人们的思维中，西瓜是圆的，然而，国外却开发出了方形西瓜，不易滚动，占据空间小，运输、储存、装卸都方便多了，其独特和新奇当然可以吸引更多的消费者，这就是打破界限带来的效果。只要破了界，看到的必将是另一个崭新的天地。有一句名言："不要被教条所限，要听从自己内心的声音，去做自己想做的事。"在创新进程中，做自己喜欢做的、想做的事是非常重要的。因为这可以使自己工作起来充满快乐和灵感，事半功倍。

许多事情看似不可能，其实是被常规束缚，打破常规，许多不可能就会变为可能。当然，要摆脱和突破常规思考法的束缚，常常需要付出极大的努力。员工只有转变现有的观念，创新工作思路，改变束缚，才能更好地开展工作。纵观事业取得成功的人，没有一个属于那种因循守旧的人，而是能够站在适时改变创新的立场上，考虑各种问题的人。

所以，我们要敢于打破常规，试着以一种独特的视角去思考问题，摆脱固有模式，那么即使再大的困难也会迎刃而解，再难以落实的工作也会得到彻底执行。因此，工作不能总是按老规矩、老观念、老习惯、老脑筋去办，而是要"变"，变则通，不变则永远不通。当我们在其中的一条路上走不通时，不妨转换一下思路，问题可能就迎刃而解。俗话说："山不转，水转；水不转，人转。"遇到问题时，只要肯找方法解决问题，就能取得成功的结果。

让创新思维给工作带来不一样的天地。

安于现状，不思进取的人是不会有创新思维的，必须具有主动进取精神，强化创造意识。创新思维具有以下特点。

(1) 独创性

独创性就是前人所没有提出过的观点或者某种方法。指思维不受旧习惯和旧经验的逻辑限制，超出常规，对一些曾经认为科学的定义、定理、公式、法则、策略等提出自己的观点、想法，有的甚至是对科学的怀疑。

(2) 求异性

思维与往常一些常见的概念大不相同。有"异想天开"的成分，但又不排除出奇制胜的可能。对一些知识领域中长期以来形成的思想、方法，提出不一样的见解。

(3) 联想性

联想是将表面看来互不相干的事物联系起来，从而达到创新的界域。联想性思维可以利用已有的经验举一反三达到创新，也可以利用别人的发明或创造进行创新。联想是创新者在创新思考时经常使用的方法，也比较容易见到成效。世间万物都有着错综复杂的联系，这是人们能够采用联想的客观基础，联想的最主要方法是积极寻找事物之间的一一对应关系。

(4) 灵活性

思维突破"定向""系统""规范""模式"的束缚，在学习过程中，不拘泥于书本所学的、老师所教的，遇到具体问题灵活多变，活学活用。

(5) 综合性

思维调节局部与整体、直接与间接、简易与复杂的关系，在诸多的信息中进行概括、整理，把抽象内容具体化，繁杂内容简单化，从中提炼出较系统的经验，以理解和熟练掌握所学定理、公式、法则及有关解题策

合作思维：从单兵作战到合作共赢的工作新逻辑

略。综合性思维是把对事物各个侧面、部分和属性的认识统一为一个整体，从而把握事物的本质和规律的一种思维方法。综合性思维不是把事物各个部分、侧面和属性的认识，随意地、主观地拼凑在一起，也不是机械地相加，而是按它们内在的、必然的、本质的联系把整个事物在思维中再现出来的思维方法。

创新思维要求我们要在自己的本职工作中有扎实的专业功底，关注前沿信息，在每一项工作中都比别人多思考些内容，不要放过一点点有灵感的机会，也不要害怕推陈出新给自己带来的麻烦与不良后果，敢于承担责任，把我们脑中某一个时刻闪现的灵光用心记录下来，在工作中找到更多的值得研究的亮点，利用自己已有的知识并不断学习，将亮点变为创新成果，为自己岗位添彩——哪怕你的岗位平凡渺小，依然可以做出不一样的成绩。创新思维作为一种能力，是开拓认识新领域，解决现实新问题的一种思维定式，也是现代管理干部必须必备的能力。

4. 敢冒风险，勇于尝试新事物

创新本就是一件有风险的事情，有成功就有失败，而且失败往往还占据更大的比例。比如众所周知的爱迪生发明电灯丝时失败了一千多次。如果害怕失败，不敢冒险，不敢尝试，那么人类的科技史不知要改写多少笔。所以培养团队的创新精神，就要鼓励员工勇敢地去尝试新事物，放开手脚大胆去干。

事实上，善于创新者，都是敢于冒险、勇于尝试新事物的人。所以，他们往往更能抓住成功的机会。

北京天安门历来是备受瞩目的地方。1994 年 6 月 28 日早上 9

点,"逛北京、爱北京、建北京"大型旅游文化活动在天安门广场正式开始,无数信鸽冲向蓝天。人们惊讶地发现,飘荡在蓝天上的12只巨大的气球拖着一道道长长的布幅,布幅上红艳艳的大字格外醒目——华懋双汇集团漯河肉联厂祝逛北京活动圆满成功! 当时的现场效应轰动,接着来的就是媒体铺天盖地的报道《漯河内陆特区报》《河南日报》、河南广播电台、《人民日报》等均有报道。《中国青年报》写道:"能否在天安门广场做广告,这个话题争论了好久,如今却被来自河南的一家火腿肠厂定论了。"看看这场盛大的广告的花费吧,说来也许难以置信,华懋双汇集团才花了12万元。

据说当时相关负责人的想法是反正也要挂气球,何不节省点开支呢。到后来,再想有人进军天安门做广告时,掏几百万也拿不下了。

由于当时在天安门做广告是有风险的,所以这"第一广告"才引起了全国的轰动效应。但是我们又要看到,在天安门做广告,不是没人想到,而是没有人有胆量来做。所以,要想创新,取得更大的成功,就得有敢为天下先的勇气。

很多团队缺乏活力,不敢创新,担心风险。确实,在各行各业,错误都是灾难,一旦出现重大错误,造成的损失可能无法估量。因此,在传统思维里,企业最重要的一件事就是防止犯错,而防止犯错就是不断地增加风险评估,谨慎地进行数据审核,把一切可能存在的风险都拒之门外。如此一来,安全是安全了,却也堵住了创新的大门。因为对于创新而言,怎么可能每次都直接成功?所有完美的产品都是一次又一次试出来的。犯错,再试错,再改错,不断改进,从而打造完美产品。不敢去冒险,不敢去尝试,是不行的。没有哪个公司一开始就是完美的,也没有哪个产品一开始就是完美的。所有的公司和产品都是从错误中走出来的,在错误中从不完美向完美进发的。

合作思维：从单兵作战到合作共赢的工作新逻辑

《人民日报》曾有一篇题为《不容试错，何来创新》的文章，专门从"人人快递"新快递模式分析了容许试错的重要性。指出"不少商业模式和科技的创新，就是在不断试错中突围而出的。对试错的鼓励宽容和承受能力，将成为考验一个公司甚至一个国家创新能力的重要指标"。创新更需要我们容忍错误，允许试错，不断从试错中找到改正错误的方法，才能真正打造出完美的产品。

很多好的产品都是试出来的。但是要注意的是，试错不是对整个大方向进行否定，而是对整个大方向中的小环节进行调整。也就是说，很多时候试错的结果就是微创新。从一个小功能的改进，一直到所有的部分能有不错的结果，最后的产品可能就是在之前固有的基础上实现了微创新。

2000年，百度完成了第一版的搜索引擎，功能已经相当强大，超过市面上的其他搜索产品。但很显然这绝对算不上是一款完美的产品。当时的开发人员对把这版搜索引擎推向市场有些犹豫，百度的几位创始人也心中打鼓，犹豫不决，各有想法，意见很不统一。最后还是李彦宏拍板上市。

"你怎么知道如何把这个产品设计成最好的呢？只有让用户尽快去使用它。既然大家对这版产品有信心，在基本的产品功能上我们有竞争优势，就应该抓住时机尽快将产品推向市场，真正完善它的人将是用户。他们会告诉你喜欢哪里不喜欢哪里，知道了他们的想法，我们就迅速改，改过一百次之后，肯定就是非常好的产品了。"李彦宏说，"所以，这个过程中不怕走弯路，但重要的是快速迭代，早一天面对用户就意味着离正确的结果更近一步。"

果然，由于功能强大，上线后的百度新产品受到用户的普遍欢迎。反馈回来的用户习惯、意见和改进的建议，使研发团队更清楚了用户需求，明确了改进的方向，技术部集中力量进行了一轮又一轮的攻关改进，一周之内，功能上已经进行了上百次更新，而这种优化从此便延续下来。直至今日，这种"快速迭代、不断试错"的完善模式依然是百度的升级要领。

　　在一次总监会上，李彦宏详尽地阐述了他的"快速迭代理论"，"这个产品究竟是该这么做还是那么做？用二分法来看，经过100次试错之后，你就能从101个选择中，找出那个唯一的正确答案"。

　　没有最好，只有更好。不断创新，不断去试，不断改进，就会越来越好。错了没关系，再试；失败了不要紧，改过再上，最终才可能成功。

　　创新不是一试就能成功的，所以要在不断尝试、不断失败中总结经验与教训，要容忍失败才有信心继续走创新之路。但不敢冒险，连试都没有勇气去试，又如何能获得成功呢？创新不是瞎干，不是蛮干，但是有创新就有失败，有创新就有风险，我们要从心理承认并接受失败的事实，才能鼓起勇气，敢为人先，大胆去创新。要想让团队在变化中保持进步，就只有鼓励团队大胆去做，想方设法提升团队的创新能力。

5. 勇于互联网创新，推动团队发展

　　当今时代，是一个信息化的时代，是一个网络化的时代，可以说，网络在我们的生活中无处不在，无论何时何地，人们离开了网络几乎无法工作、生活。可见网络于人们的生活影响是巨大的。

2014年马云的一句"银行不改变,我们就改变银行"引得业界一片哗然,后来,支付宝让很多当时抱以嘲笑态度的人哑口无言。

中国的出租车市场曾长期被地方政府和国营企业把持,成为效率低下、服务质量饱受批评的僵化领域,可是在滴滴打车、快的打车等兴起后,旧有格局以难以想象的速度被彻底击溃。

美团在一夜之间成为人们掌中之宝,双十一网上购物量达到惊人的数字……这一切都是在告诉我们,互联网正在主宰着这个世界。

当前,互联网已经广泛应用到社会的各个领域,网购这一新型消费模式正在替代传统的购物观念。互联网让人们购物更加便利,节省了很多购物时间,对企业经营者、产品消费者都有益处。传统行业不仅要借助互联网,优化经营模式,从实体店逐步转型为网络商店,实现自身新的发展,还要利用互联网不断创新改革,旧的管理模式、机械运行操作模式都随着互联网的新生而需要我们大力改进。特别是在"互联网+"时代,更需要我们适应时代的潮流,融入互联网创新的大潮之中。

"互联网+"时代,创新是社会的主旋律,是时代的最强音。所有事物都在不停地、飞速地发展变化着。我们所处的这个世界每时每刻都在变化中,可以说一日千里。环境、企业、市场、技术、需求,无一不变,无处不变,变化才是这个时代永恒的主题。阿里巴巴集团董事局主席马云曾说:"唯一不变的是我们的变化。我们在不断的变化中求生存,不断的变化中求发展。如果发现公司没有变化,公司一定有压力。所以说我希望告诉每一个人,看看你自己成长,成长带来变化……如果你觉得昨天赢的东西你今天还要希望这样赢,很难了。一定要创新,变化中才能出创新,所以我们要在变化中求生存。"

互联网可以使企业线上线下结合,拓宽发展渠道。传统企业立足于自己的产品,同时接入互联网,有利于产品的销售,也能给客户带来方便。

作为团队的管理者,"打铁必须自身硬",我们要想方设法为团队创新作贡献,同时还要带动身边所有人走创新路,为创新出力。要想具备创新能力,唯一的渠道就是学习。时代的发展不再是日新月异,而是日日新,日日异。互联网时代给了我们更多的创新机会,也考验我们的头脑与接受新事物的能力。我们需要学习的新知识、新制度、新的管理方法来适应这个社会的变化才能具备创新能力。

管理者不仅在工作中要起到管理作用,还要在各方面起到带头作用。面对新知识、新技术的挑战,管理者更是要挑起责任的大梁,做好行动的榜样,不怕失败、不怕付出,在做好本职工作的同时敢为人先,大胆创新,使团队形成人人都来创新,事事都敢创新的氛围,从而推动团队持续发展。

6. 团队创新的最终受益者是员工自己

创新行为不仅可以为企业注入新鲜的血液,成为团队生命长青的源泉,同时也能够为员工带来更多的实际收益和发展机会。不要认为我在岗位创新了,创新的果实享有者是老板或是企业领导,其实我们自己也在享用着创新成果的甘甜。员工岗位创新为企业实现最大化的经济效益不假,但同时也为自己谋求了更为广阔的发展空间,为实现自己的人生规划更加迈进。我们如果能立足自己的本职岗位,找准一个点,将最切合实际的、平日忽略了的小的技术改进或是小的点子和发明运用到我们的工作中,让团队焕然一新。

与阿里合作过的人都知道,阿里人的效率非常高,这是因为阿里极为鼓励内部创新。为了让员工能更加高效地开展工作和业务，阿里巴巴内部孵化出许多提效产品和工具，通过X10创新产品发布会平台进行展示和沉淀。

X10作为阿里巴巴内部创新产品集中展示与沉淀的产品，通过定期举办发布会的形式，每期展示10款创新产品，让阿里员工甚至外部用户能快速深入地知晓和使用这些产品，帮助大家高效开展工作与业务，让阿里巴巴经济体能保持源源不断的活力，不断对外输出层出不穷的创造力。

首期X10发布会共有10款提升"企业效能"的产品曝光。这些产品遍布办公、设计、AI等领域，但它们都有一个共同特点，就是将"快速实现"交给产品来解决，让员工能更加专注于创新上。

以最常见的写周报为例。大多数企业员工做周报前需要花不少时间与精力来回顾与统计一周的工作与数据，如果涉及多个项目，耗费更大。但是在阿里，员工可以通过内部一站式研发协同平台"云效"，进行产品研发协作，管理项目进度和风险，而且相关数据可以自动生成一份周报，帮助员工透明工作进度和风险，节省更多时间，提升研发效能。

"找人"对于在全球拥有数万员工，业务如此繁复的阿里来说也不是一件容易的事。但为了让员工能快速找人。内部组织运营与协作平台"阿里内外"打通阿里内部零散系统，实现以事找人，员工只要输入项目或事情的关键字，就会显示出相关负责人员、应用系统等结果。

在团队协作问题上，传统的团队协作流程是节点式的。当前节点完成后才会流转到下一节点，并作出相应反馈。过长的沟通链路往往导致了协作的低效。而在阿里内部，不同岗位与职能的员工在协作平台上随时联动：在"语雀"这一个知识管理与团队协同平台上，团队成员可以同时在互不打扰的情况下共同编辑文档，形成知识沉淀；在"DEMO+"这一个项目设计平台上，产品经理、前端开发与设计师可以随时同步项目进度，完成项目设计从生产、沉淀、处理、归档、共享的全链路协同。

通过"宜搭"，不会代码的人可以通过拖拽、配置的形式完成业务应用的搭建；通过"DataWorks"不懂数据的人也可以完成数据研发、治理、分析等大数据相关工作；而"DataV"则可以在无须代码开发的情况下，制作出一份精美又直观的数据大屏，进行数据可视化管理。还有，"AliNLP"的自然语言处理平台，提供支持多种常用NLP算法，让客服、金融、广告、娱乐、搜索等不同业务领域的人也能快速进行AI智能的语言处理与文本服务。

甚至还有些产品帮助员工挑战工作极限，完成不可能。如果没有智能设计平台"鲁班"，再高效的设计师也不可能在一天内设计出5千万张不重样的海报；如果没有机器人配置平台"机器人工厂"，想要在1分钟内定制一款智能问答机器人也是"不可能的任务"。

正是因为内部创新的踊跃开展，使阿里内部增速提效水平大大增强，阿里的成长速度也就越来越快。而阿里整个团队创新的成果，也是每一个团队成员的成果。

2014年9月19日，阿里巴巴在美国纽约证券交易所上市，敲钟瞬间，阿里巴巴杭州总部，阿里员工欢呼雀跃、激情拥抱。当天阿里巴巴开盘价92.7美元，总市值2383亿美元，超过100多个国家的GDP。

根据招股说明书估算，阿里巴巴董事长马云等30位阿里巴巴合伙人以及多位联合创始人，一夜成为超级亿万富豪，其中马云以超过280亿美元资产成为中国新首富。而他的第一副手、阿里巴巴副董事长蔡崇信，持有阿里巴巴3.6%的股份，其资产净值达到48亿美元，阿里巴巴上市之后，他同样成为超级富豪。

阿里的众多持股员工也一步登天，特别是当初随马云一起打天下的"18罗汉"和30位合伙人都是个人受益者。在这30位合伙人中，其中24位来自阿里巴巴，6位来自阿里巴巴的关联公司或相关公司。这30位合伙人共持有阿里巴巴14%的股份，价值超过210亿美元。

除了这些超级富翁外，阿里巴巴还有一万一千多名持股员工，同样会化身千万富翁。而这些，正是阿里巴巴团队十几年坚持创新的结果。

其实，在企业成功的同时造就自己成功的，并不只有阿里巴巴一家。此前百度上市创造了8位亿万富翁，50位千万富翁，240位百万富翁。毋庸置疑的是，阿里巴巴的上市将创下国内IT类上市公司最大规模的员工"造富"纪录。还有华为公司，也是企业员工一起成功的典范。华为一直是员工持股，华为的每一分利润都有员工的一部分。

企业的成功就是员工的成功，团队的成功就是每一个团队成员的成功。团队开拓创新，取得良好的效益，真正受益的，就是团队成员。

所以，不要认为团队创新又不是我个人的，我尽不尽力无所谓，团队协作而来的创新成果，人人有份，团队创新的成果就是每一个人的成果。创新成功所带来的那种充实、快乐与幸福是别人无法理解和体会的，也正因这样，才有更多的人愿意为创新而付出。不劳而获、坐享其成只是痴人说梦。不要认为你在为企业创新、为团队谋发展，其实受益最多的还是你自己。在成就感上，你得到了大大的满足；在工作过程中你得到了无尽的快乐；在物质上你得到了丰厚的奖赏……这些都是利益，都是因为创新才有的。所以认清形势，大胆创新，不仅是为企业谋利，也是为自己创造财富，我们还有什么理由不努力呢？

第十章

忠诚奉献,与团队一起成长、成功

一旦进入团队,团队就是我们的家。我们就要为它的发展负起责任。忠诚、奉献、牺牲都是我们必须为它做的,也只有付出这些,团队才能如我们所期望的一样成长、壮大,而我们也才能与团队一起走向成功。

合作思维：从单兵作战到合作共赢的工作新逻辑

1. 忠诚无价，永远忠于团队

所谓忠诚，意为尽心竭力，赤诚无私。诸葛亮有言："人之忠也，犹鱼之有渊。鱼失水则死，人失忠则凶。故良将守之，志立而扬名。忠诚就是尽心竭力，真心诚意，一心一意，专注不二。那种既有能力又忠诚的人才是每个企业需要的最理想的人才。那些忠诚于老板，忠诚于企业的员工，都是努力工作，没有任何借口的员工。蔡元培先生曾经说过："人之所以为人者，在德在才，且以德为先，德之不存，才从何而来。"一个人无论成就多大的事业，人品永远是第一位的，而人品的第一要素就是忠诚。

贝尔15岁时，迫于生计到麦当劳求职。他去麦当劳澳大利亚一家门店，请求给他一份工作。当时的贝尔营养不良，瘦骨嶙峋，脸上没什么血色，浑身土里土气。店长看他这副模样，委婉地拒绝了他。

过了几天，贝尔又来了，言辞恳切，即使没有报酬也行，只要能填饱肚子。见店长没有吭声，贝尔感到一点希望，于是小声说："我看到您这里厕所的卫生状况似乎不太好，这样会影响您的生意。要不安排我扫厕所吧。只要给我解决吃住就行。"店长答应试工三月。

虽说扫厕所的活又脏又累，贝尔却干得踏踏实实。他常常是扫完厕所，接着就擦地板；地板干净了，就去厨房帮做其他的活。这一切被麦当劳澳大利亚奠基人彼得·里奇看在眼里。没多久，里奇就说服贝尔签署了员工培训协议，把贝尔引向正规职业培训。培训结束后，里奇又把贝尔放在店内各个岗位进行锻炼。虽然只是钟点工，但悟性出众的贝尔不负里奇一片苦心。经过几年锻炼，他全面掌握了麦当劳的生产、服务、管理等一系列工作。19岁那年，贝尔被提升为澳大利亚最年轻的麦当劳店面经理。

凭借这样的忠诚和踏实的努力，贝尔赢得了认同和机会，终于在43岁时，成为麦当劳全球的首席执行官。

对团队成员来说，忠诚是最大的品德，也是做人之本。每个人都应忠诚于公司和上司，并同时忠诚于自己的事业，与团队荣辱与共，同舟共济。忠诚是一生的财富。它换来的不仅是上司的信任和同事的尊敬，还可以提升职业素养，帮你取得巨大的成就感，实现个人价值。一个员工的忠诚度决定了他在企业在团队的发展，决定了他一生能做成多大的事业。

对企业忠诚表现在自己的岗位上。爱岗敬业是企业对员工的起码要求。无论任何时候，做好自己的本职工作，都是尊重企业决定与尊重自己职业的最好方式。干一行，爱一行，学一行，专一行，把最好的状态留在本职岗位上，与其他团队成员搞好配合，做好合作。这才是忠诚于岗位，忠诚于团队的好员工。干一行爱一行其实是我们对自己选择这家企业、这个团队的肯定，如果嫌弃自己的工作，在岗位上混日子，打发时间，其实也是对自己的否认，对自己不负责任。

对企业的忠诚表现在对个人利益与集体利益的态度上。将企业长远利益放在第一位，把自己融于企业中，多多为企业的发展出谋划策。这就要求我们不应该时刻把自己的利益放在第一位，当个人利益与集体利益发生冲突的时候，我们应该把集体利益放在第一位，以长远的眼光来看发展，只有企业有了利益，我们个人的利益才能得到保障。维护企业利益其实也是维护自身的利益，与企业共进退，共患难，才是把企业当成家、把自己当成团队主人的想法，有了这种想法，无论团队有任何需要，我们都不会拒绝，都会无条件支持，也就不存在在利益上有何纠结与不平。

忠诚于企业的人是乐于为企业奉献的。即使在其他力量的诱惑下，他们也不会为之所动。比如对于公司的机密，在他们眼里，公司的机密就是

合作思维：从单兵作战到合作共赢的工作新逻辑

公司的价值，保守机密也就是保住企业。一心想为自己牟私利而不顾企业安危的人，就算嘴上说得如何忠诚于企业，但在行动中他们总是出卖自己。每个企业都不可能一帆风顺地发展，总会有起起落落的时候，如果我们忠诚于企业，在任何困难面前都把企业的困难当成是自己的困难去想办法，去努力解决，那么团结的力量会让所有困难让路。员工的价值是与企业的价值相连的，企业倒台，员工如何去实现自我价值？热爱自己的工作，热爱自己的团队，明白一荣俱荣、一损俱损的道理，以忠诚的态度来对待企业，我们才能在这个平台上去展示自己的本领，去感受人生的成功。

2. 团队协作的本质是共同奉献

团队协作，是指建立在团队的基础之上，发挥团队精神、互补互助以达到团队最大工作效率的能力。对于团队的成员来说，不仅要有个人能力，更需要有在不同的位置上各尽所能、与其他成员协调合作的能力。团队强调的是协同工作，所以团队的工作气氛很重要，它直接影响团队的合作能力。所谓"三个臭皮匠赛过诸葛亮"说的正是团队力量。皮匠虽然没有本事，但是三个人在一起的思维也能超过诸葛亮这种神人。当然，三个臭皮匠能赛过诸葛亮的最重要的前提是，三个臭皮匠要都奉献自己的力量才行。如果仅仅是三个臭皮匠坐在这儿，不动脑、不动口也不动手，那肯定是赛不过诸葛亮的。由此可见，团队协作的本质，是各尽其能，共同奉献。

俗话说："一个和尚挑水喝，两个和尚抬水喝，三个和尚没水喝。"为什么？因为三个和尚都不愿意为他人奉献一点点，只想着别人来奉献，这样怎么可能有水喝呢？每一个和尚都有能力保证自己有水喝，如果大家都愿意为同伴奉献一点，轮班挑水，也不至于三个人都没水喝。谁都不愿意奉献，结果就只能是没水喝。

与和尚相反，蚂蚁们可不会这样。"一只蚂蚁来搬米，搬来搬去搬不起，两只蚂蚁来搬米，身体晃来又晃去，三只蚂蚁来搬米，轻轻抬着进洞里。"为什么"三只蚂蚁来搬米"能"轻轻抬着进洞里"，因为三只蚂蚁都竭尽全力，团结协作。所以说，团结协作，是团队精神的核心。而协作的本质，是相互之间的奉献。

这种共同奉献需要一个切实可行、具有挑战意义且让成员能够为之信服的目标。只有这样，才能激发团队的工作动力和奉献精神，不分彼此，共同奉献。在一个团队里面，只有大家不断地分享自己的长处优点，同时不断吸取其他成员的长处优点，遇到问题都及时交流，才能让团队的力量发挥得淋漓尽致。

在一个团队中，每个成员都有自己的优点缺点，协作工作可以最大限度发挥自己的优点，也能隐藏自己的缺点或者说自己的缺点被其他成员的优点所补足，也成了优点。取长补短的过程就是相互奉献的过程。没有奉献，也就不可能有协作。

"奉献精神"是一种爱，是对自己事业不求回报的爱和全身心的付出。"奉献精神"的含义很多，如不计得失、同甘共苦、牺牲小我成就大我。这种奉献精神也是团队"人心齐"的重要前提。如果都不想奉献，各怀心思，只谋私利，人心就不可能齐，那么团队的事也就不可能成。

职场就像是一个大家庭，团队中的每个成员都是我们的亲人、我们的兄弟姐妹，只有大家都有了成果，团队才会有力量。一个人可能会凭着自己的小手段做出一点点的小成绩或者一时得些小利，但终究不可能有大作为，大作为是需要大力量的，而大力量只有所有团队成员一起协作才会有。我们行走职场，一定要懂得奉献，乐于奉献，多为团队做些力所能及的事情，如果有团队成员遇到困难，我们务必及时伸出援助的双手。帮助他人也就是在帮助我们自己。

乐于奉献的人不仅会做好自己的工作，还会力所能及地帮助团队中其他成员。不计较个人得失，也不计较是不是公平，只要自己还有力气，还有机会，就一定去帮助大家。有奉献精神的人把本职工作当成事业来做。从小事做起，事事完美。我们所说奉献精神并不是指忽视自己的个人利益。毕竟每个人都要生存，我们生存的物质基础就是工作，从工作中得到报酬。有个人利益需求并没有错，但是只顾个人利益而不顾他人和集体利益就是错误的。如果想让自己变得更加强大，那就必须学会奉献，学会付出，然后在奉献中茁壮成长。

甘于奉献是一种美德，更是一种力量。奉献的强大之处在于它能够促使人们去学习道德规范与道德准则，通过反思自身行为，把道德准则运用到实践中去，并进一步把这种奉献的品质传承、传递给他人。奉献需要排除私心，去为他人着想，为团队着想，一心为团队的发展而甘愿努力。奉献还要不怕苦，不怕失败，不怕挫折。一旦遇到挫折就后退，就把责任往其他成员身上推，这就是与奉献精神相悖的。你可能在工作中遇到各种意想不到的麻烦，也可能会因此而失去许多个人利益，如果你能坚持，你就有胜利的可能，如果你放弃或者为了个人利益而损害团队利益，你只能是失败。奉献并不是白白的付出，当你奉献爱心，帮助别人；奉献劳动得到成果时，你的内心是满足而充满甜蜜的、是踏实而平静的。这就是精神财富，是不愿意奉献的人不能体会的幸福感受。

这种感受是用金钱无法衡量的。把那些在自己岗位上埋头苦干、尽职尽责的人作为榜样来宣传，号召大家一起来学习，以构建浓厚的学习与团结氛围，在创造与奉献中展示我们每个人的优势与力量，在协作中完成社会交给我们的任务，做到人人爱岗，人人奉献。

3. 为了团队要有牺牲精神

很多团队都对"狼性"情有独钟，有的甚至直接打出锻造"狼性团队"的口号，为什么狼如此受人推崇？就因为狼具备极高的团队素质和合作素养，狼有大局观，善于合作，为群体利益也愿意牺牲。狼群知道，为了生存，在必要的时候要付出一定的代价。狼有什么呢？它只有一条命，而这条命是狼群给的，所以狼从不会退缩。狼是世界上最具有团队精神的动物，自我牺牲精神就是狼群团队精神的一种充分表现。狼为了团队的利益，为了大多数狼的利益，会毫不犹豫地牺牲自己的利益，即使是献出生命也在所不惜。

狼群总是协同作战，正是因为如此，虽然单打独斗狼不敌虎、狮、豹，但狼群却可以杀死它们，在蒙古草原上所有的猛兽都会被狼驱逐出草原，任何动物遇到狼群都相当害怕，为什么？因为狼善于协作，懂得合作，而且为了群体的利益不怕牺牲，敢于拼命。狼是最善于群团作战的动物，攻击目标既定，群狼起而攻之。头狼号令之前，群狼各就其位，欲动而先静，欲行而先止，且各司其职，嚎声起伏而互为呼应，默契配合，有序而不乱。头狼昂首一呼，则主攻者奋勇向前，佯攻者避实就虚，助攻者蠢蠢欲动，后备者厉声而嚎以壮其威。如果需要诱敌，作为诱饵的狼绝不会因害怕而不前，即便被其他动物吃掉也同样勇往直前。这样的精神，使狼经过几百万年依然雄踞地球。

团队要长远持久地发展，需要的正是这种协作、团结、敢于牺牲、奉群体利益为上的精神。在团队里面，总会存在这种个人利益与团队利益的矛盾。一般来说，强调集体利益，拥有大局观，以集体利益为重，适当牺牲个人利益，这对于团队发展是有利的。毕竟团队利益大于个人利益。有了团队利益才会有个人利益。牺牲个人小利获得团队大利，是值得的。所谓有舍才有得，吃一点小亏能获得团队的更大利益，为什么不呢？

克莱斯勒汽车公司的总裁李·艾柯卡，在20世纪80年代中期的一项调查中，被人们称为"近年来成功领导企业的最佳典范"。艾柯卡管理克莱斯勒汽车公司的成功经验，使他成为全世界企业界的风云人物，直到今天他的魅力仍然丝毫不减。大家只看到了艾柯卡成功辉煌的一面，却没有注意到他背后的精神。

艾柯卡是一个具有自我牺牲精神的人，在公司出现问题时，他经常主动承担责任。当然，这样做会为自己招来许多不必要的麻烦，但是他却一直坚持。这样，在他手下就形成了一个高度团结的工作队伍，他们不囿于既有的规范，敢于创新，敢于行动，因为他们有一个能主动承担责任的领导者。所以，艾柯卡取得了许多令人羡慕的成绩。

要想把工作做得更好，创造出更多的个人价值和团队价值，就只有更多的付出。世上任何成功都是没有捷径可走的。当你牺牲了自己的休息时间做一张更好的计划方案时，你得到的可能没有明显的奖励，但是企业却可能因为你的行动而抓住了机会。这是小舍，却是大得。有时候你因为付出了休息时间却得到了更多的成绩，这种成绩也许是别人一辈子也得不到的，这是小得。小舍与小得，大舍与大得的前提都是要有付出，要有牺牲精神。不要以为牺牲就只有付出，没有回报，任何事情都具有两面性，舍得也是如此。

团队时代为我们提供了一种全新的生活、工作方式。团队的工作方式，可以让我们的工作量大为减少，工作效率提高。与个人相比较而言，团队的优势决定了在做相同的事情时，团队更容易取得成功，而团队的成功也就是个人的成功。但是,团队的特点决定了团队成员必须在某些方面放弃一些东西。为了团队的纪律,我们有时候要牺牲一点自由;为了团队的利益,个别成员有时候要牺牲一点个人利益;触犯团队的规章,就要接受团队的处罚或者批评。那种甘于做出自我牺牲的精神是团队时代优秀员工所必须具有的,也是团队能长久发展的重要前提。

4. 与团队步伐一致,同进同退

团队是一个整体,因而其最具威力的也正是这一个整体。作为团队的一员,就务必与团队保持一致,与团队共进退,在自己的岗位上发挥足够的光和热,为团队奉献应有的力量,促进团队的发展和壮大。一个团队想要成功,必须上下齐心,左右帮扶,所有成员同舟共济。

一家企业招聘职员,吸引了不少人前去应聘。经过首轮初选,决定了两组各6名候选者进入第二轮面试。应聘者中有本科生,也有研究生,他们头脑聪明、博学多才,是同龄人中的佼佼者。人力资源总监知道,这些学生有渊博的知识做后盾,书本上的知识是难不倒他们的,于是就策划了一个别开生面的能力测试。

测试开始,总监介绍了公司的概况,然后告诉大家时间已近中午,请他们先去吃饭,然后给两个小组每人发了5元钱。

第二组的候选人从公司里出来,来到大街拐角处的一家餐厅。他们上前询问就餐情况,服务员告诉他们,虽然这儿米饭、面条的价格不高,但是每份最低也得6元。他们有人自己添了钱吃了饭,有人没有吃。

回到公司，总监问明情况后摇了摇头，说："真的对不起，你们虽然都很有学问，但是都不适合在这个公司工作。"

其中一人不服气地问道："5元钱怎么能吃6元钱的饭？"

总监笑了笑说："我已经去过那家餐厅了，如果五个或五个以上的人去吃饭，餐厅就会免费加送一份。而你们是六个人，如果一起去吃的话，可以得到一份免费的午餐，可是你们每个人只想到自己，从没有想到凝聚起来，成为一个团队。这只能说明一个问题，你们都是以自我为中心、没有一点团队合作精神的人。而缺少团队合作精神的公司，又有什么发展前途呢？第一组却很好地完成了这个测试，他们不仅一起开心地吃了午饭，还成功地得到了这份工作。"

听闻此话，6名大学生顿时哑口无言。

团队是一个整体，互帮互助、同舟共济的团队才能走得更远。在汹涌的人潮中，每个人只不过是一滴水。要想让一滴水永不干涸，保持生命的活力，最好的做法就是把自己融入海中。而团队成员更需要懂得合作与分享，习惯把自己融入到集体中去，与团队保持步调一致，同舟共济，共进共退，从而保持团队的最大合力。

与团队同进退就要相信自己的选择。从你进入到团队的那一刻起，就要相信自己，相信自己进入这个团队的选择是正确的，相信自己能够在这个团队中做出骄人的成绩，相信团队能在你的带领下完成所有任务，帮每个团队成员实现理想。工作中我们可能遇到各种各样的困难与挫折，不要因为一些事情烦恼而复杂就想放弃。放弃并不能让你有所解脱，相反会让你陷入更多的困扰之中。要相信，所有的团队都会有困难，即使你换个地方工作，问题和困难同样存在，还不如勇敢地面对它，与团队成员一起来解决。离开团队损失的不仅是工作的机会，心里的挫败感会让你再难对其他工作更有兴趣；离开团队，所有的成绩都清零，你需要从头做起，从基础做起，做得顺不顺还不一定，与其这样折腾，还不如相信自己，相信自己的选择，相信自己所在团队的力量，相信自己的队友，一定会帮你走出困境，有了信心，一切就都变得容易起来。

　　与团队共进退就要与你的队友紧密团结。团结才有力量，团结才能让困难让步。你的上司和下属都是你的队友，你的竞争对手同样是你的队友。与他们更好的合作，远远胜过一个人抱怨和沮丧。团队成员每天都在一起工作，难免会出现误会与猜疑，这些都是正常的人们的生活状态。不要把团队成员中的矛盾与摩擦当成是水火不容的对立方，换个角度，换个方法来思考，你会觉得原来自己做得并不完美。每个人都会犯错，从自身来找原因比怨怼他人更有实效。矛盾与摩擦不仅影响到团队成员之间的和谐关系，还会影响发展，影响企业效益。作为一名管理者，最大的任务就是要把团队的价值最大化，所以解决矛盾，减少与团队成员的摩擦才能有价值。把队友看成是亲密的伙伴，把客户当成是重要的资源，把竞争对手看成是帮助自己成长的朋友，在和谐中与团队共存，才算是一名优秀的管理者。上下团结一致，员工齐心向上，与管理者的管理态度和方法有着直接的关系，团队一团和气，大家才会步伐一致，共同前进。

　　与团队共进退，就要替团队着想，一切以团队利益为重。一名合格的管理者总是大公无私的。作为一个协调上下级关系的重要职位，没有奉献精神，没有作出自我牺牲的思想，是做不好这份工作的。每一个企业都会经历蜕变，每个企业都有兴盛与衰败。当企业遇到重大困难甚至生死存亡的关键时刻，我们要勇敢地站在企业一边，为企业生存作出最大的努力。也许一个人的力量并不能拯救整个企业，但是当大家都团结一致并绝不放弃的时候，往往事情就会出现转机。

　　其实很多时候企业遇到的困难并不是不能解决，过早的说放弃是不负责任。既然我们选择了这个团队，就要为它遮挡风雨，一遇到困难就逃避离开公司的人，在哪儿都站不稳脚跟，因为困难无处不在。昂起头，奋勇前进，为公司力挽狂澜，没有闯不过的难关。当然这些不是光靠嘴上说就能做到的，而是需要在工作中一步步巩固。日常工作中我们要不断地学习，让自己不断地进步，掌握时代的最新信息，在本职工作岗位上不断开拓创新，做一名时代的先锋战士，这样在企业有困难的时候你才有足够的能力来面对。有人说企业的每一场困难都像一面筛子，能够筛走那些对企业不忠诚、没有贡献的员工。而留下的员工往往能够在公司陷入困境之时，与公司同舟共济、共同面对挫折。他们就是大浪之后的金子，将会在公司未来的发展中闪闪发光。

5. 顾全团队大局，甘当配角

　　古语云："不谋全局者，不足以谋一域；不谋万世者，不足以谋一时。"这就告诉我们，看问题，办事情，都不能仅仅看到一时一事，而要善于从大局、从长远来观察和谋划。有远见的员工必须牢固树立高度自觉的大局意识，自觉从大局看问题，把工作放到大局中去思考、定位、摆布，做到正确认识大局、自觉服从大局、坚决维护大局。

　　作为团队的一员，不管在什么时候都以团队的大局为重。大局就是关系到事物生存和发展的整体，也就是全局。顾全大局就是决策、谋发展和考虑问题，要从全局出发、从长远出发，不能只顾眼前、只顾局部，更不能只顾个人利益的得失。所有的企业都希望自己的员工能够以大局出发，把公司的利益放在第一位，尤其是管理干部更是要顾全大局，不为小利，在工作过程中甘当配角，一切为了公司的发展考虑。

　　有的人总是觉得做工作不顺心，事情没有按照自己的想象来完成。但又不肯在自己身上找原因。于是怪下属做事太不动脑筋，没有全力以赴地负责工作，怪上司没有做好决策，使得结果不令人满意，唯独没有考虑自己的责任。推脱责任是一些人的习惯，怪上司、怪下属、怪环境甚至怪命运，就是不找自身的原因。在他们心里，只有自己一人是对的，别人总有或这或那的不对，所以在心里埋怨别人。其实埋怨倒也没什么影响，但是作为管理者，如果一味埋怨他人，就会让团队成员受到影响，他们也遇事就从别人身上找原因，这样的团队，遇事总是推诿、相互指责而没有人敢承担责任，可想而知，到头来谁都容不下谁，谁也不会看到对方的优点。团队的目的在于相互补短，看不到别人的优点，补短也就成了空话。

顾全大局，先是要包容同事和伙伴。把自己置身于领导的位置，向其他人发号施令，然后坐等结果。结果不满意又开始指责别人，这种管理者最终会让队友失去信心，不愿意与其合作。因为这种合作是无味而缺乏生机的。包容队友的错误，承认自己的不足，这样才能让大家相互体谅，相互帮助。一味地要求别人而自己却做不到的事情，别人也不会做得完美。居高临下的感觉可能实在是威风，但威风过后是失败，是无尽的麻烦。这是上司不愿看到的，也是管理者自己会头痛的事情。环顾身边管理者，之所以郁闷愤怒，接受不了结果，是因为自己不参与过程，只要求结果，又往往把结果想得太美。没有国就没有家，这个道理谁都懂，但是没有企业，就没有个人发展是很多人都意识不到的问题。在他们看来，自己只是个小我，对于企业并没有多大影响，所以，个人利益一定要得到，而企业的利益是由那些有能力或者当领导的人来维护的，与自己无关。一个员工有这样的想法确实没有什么影响，但这样想的人多了，影响就大了。特别是团队领导者，一旦有这样的想法，就会对团队起着致命的伤害，因为他会影响其他员工，让其他员工效仿他的想法和做法。

某地质局钻机在某地施工时起拔套管遇阻，只见钻搭摇摆晃动，四股钢丝绳在咻咻地冒着油烟并发出咔咔的响声，钻探设备和人身安全受到严重威胁，钻机负责人立即打电话向处里请求支援！

接到请求后，工程处主管钻探生产的副处长阎小举和钻探工程师董师一起奔赴钻场。来到现场后，阎小举顾不上歇息，会同有关人员立即寻找解决方法。

时间一分一秒地过去了，到第二天，已想了很多办法，套管却依然拔不出来。"500多米的套管对钻机和工程处来说也是一个不小的损失呀!"强拔不行,阎小举就和董师傅商议用千斤顶"顶"出来。第三天,阎小举和机组人员一起挖沟、垫板、放千斤顶。放好后他亲自操作,不一会儿就满脸是汗……

下午,套管终于被千斤顶一点一点地"顶"了出来。他们一米一米地顶,然后一米一米地割。第六天时,500米的套管全部被拔了出来,国家财产保住了。然而大家不知道的是当时正是国家安全注册工程师考试的时间,阎小举报了名却因为工作错过了考试。

国家安全注册工程师考试是两年一考,机会难得,如果通过的话,对于个人而言意味着机会、荣誉、地位和财富,许多人对他的缺考表示惋惜和同情。他却对此表现得很淡然,说:"这次没考成,还有下次嘛,我处已经有两位钻探工程师去参加考试了,如果我再走,钻机怎么办?"

在个人利益与集体利益的抉择面前,阎小举选择了后者,他虽然错过国家考试,却赢得了单位领导的赞赏和同事的敬佩。

这就是顾全大局,就是所有公司都需要的员工意识。以牺牲自己的小利益来保全集体的大利益,这种人是值得我们敬佩和学习的。一名合格的管理者会自觉培养自己的大局意识。一个懂得牺牲小我,顾全大局的人也必定是一个有抱负、有智慧的人。因为他知道只有集体的利益得到了维护,个人的利益才有保障。一个人只有把自己和集体事业融合在一起的时候才最有力量,也只有把自己的利益与集体利益联系在一起,才能有大局意识,才能在关键时候舍小我,顾全团队。

在团队中要自觉协调好上下关系,让每个人都有机会发挥自己的最大能量。把那些技术上能出风头,得到更多利益的事情交给那些有技术绝活的优秀员工;把爱动脑筋善于创新的员工推向创新前线,让他们在更多的机会中展示才能;把那些有能力又上进的年轻人推荐给自己的上司,让他们的优势得到更大发展的空间,而自己甘当配角,甘愿为团队默默付出,不求回报。顾全大局可能会付出最多而得到的回报却最少,但顾全大局可能使我们的团队损失更少,发展更快。

6. 患难与共,与团队同呼吸共命运

患难与共意思是共同承担危险和困难。指彼此关系密切,利害一致。在企业里,我们时常听到一些人说:"上了这么多年的班,我都习惯了这里的一切,就像在自己的家里一样。"把企业当家,正是每个员工都应该有的心态,也只有这种心态,我们才能做到与企业患难与共,与团队同呼吸共命运。不热爱企业的人是不会热爱自己的工作的。他们在自己的岗位上忙碌而抱怨,辛苦而不甘心,每天都在不满意,每天都希望这种日子能够有所改变,只是他们不知道,要改变的不是这种日子,而是他们的心态。

作为团队中的一员,只有摆正自己的心态,热爱自己的企业,关心和爱护企业的一切,真诚地为企业出力,凡事都为企业着想,把自己当成是企业的主人,明白"一荣俱荣,一损俱损"的道理,才会在自己的岗位上尽职尽责,与企业同呼吸共命运。有的人口口声声说热爱企业,把企业当成家。事实上工作中他们没有尽到最大努力,没有负起责任。具有主翁精神的人只会用行动来做事情,而不是靠嘴来说事情。把公司的事情当做自己的事情来做,不为名利,默默奉献,才是主人的表现。

当我们在职场上获得自己想要的一个职位时,一定是希望在这个岗位上做出成绩来。要做出成绩,就要按照规章制度来行动。即使我们是管理者,公司的规章制度照样要执行,而且还要比其他员工做得更好,做出榜样,让其他员工学习。制度是每个公司必须有的行为规范,这些规范可能会让我们有约束感,但同时它又能让我们有权益上的保障。所以制度是双

效的，它不仅约束员工，也对企业提出要求。当我们以主人翁意识成为团队中的一员时，我们就会自觉地执行那些规章制度，以身作则，以行为来带动其他员工。没有制度也就没有法纪，没有法纪就会一团糟。为企业着想，就要带领员工自觉遵守一切制度。企业是给自己工作的平台，也是自己展示能力发挥能力的机会。企业兴，则我兴，企业失去竞争力，个人也就无处竞争，才华也就无处施展。所以为企业着想，也就是为自己的将来着想，为自己的前途着想。

困难与问题一直都存在，每个企业，每个团队的运转过程就是出现问题和解决问题的过程。团队中有了困难，我们要在第一时间去努力解决。困难是我们向前进的经验前身，解决一次困难，我们的经验就又多了一回。不要害怕困难，更不要认为团队的困难与自己无关。我们的存在就是为了解决问题。如果有问题不解决，一个两个可能没什么影响，但是问题积累多了，就成了麻烦，就有可能扩大损失，严重的甚至会影响整个团队的生存。热爱企业，与企业同呼吸共命运，就是要把这些问题一个个解决掉。不管问题有多难，不管需要付出多大的代价，我们都要去面对，去处理。抛开这些问题，只能让我们工作一再受阻直到团队瓦解。从我们成为团队的一分子开始，我们的任务就已经存在。一遇到困难就想逃避，想跳槽到别家公司的人，一辈子都不会找到一个适合于自己的公司，一辈子都不可能做出一点点成绩，他们只会在职场跳来跳去。从同样的起点开始，别人已经是高管层，他还是个小职员，为什么？就是跳得太勤，一生都处在零的起点上。每个团队中都会有人跳槽，但为了逃避问题而跳槽是最没有担当和责任心的人，所以走到哪儿，都以失败结束。优秀的管理者不仅不会跳槽，还会在困难中激励更多的人参与进来，大家一起想办法，只要愿意努力，办法总会比问题多。在坚持面前，问题总是不堪一击，关键看你有没有耐心和恒心去面对。

与团队患难与共，同呼吸共命运不是要做多少大事。职场没有大事，大事都是靠小事积累起来的。所以，做好每件小事，在小事上替企业着想，就是爱企业的表现。做好一张报表、写一个完整的实用企划案、为公司的创新出谋划策，这些都是敬业，都是为企业着想。当一个人对工作充满热情时，他会有无尽的动力与力量，会把每一分每一秒都利用起来为企业的发展而开动脑筋。主动工作，按时完成上司交代的任务，不拖拉，主次分明，不瞎忙，不做表面文章，这都是为企业作贡献。"态度决定高度。"一个人的态度决定了他的行为，把自己当成是企业的主人，他就会不计得失，不论公平，一心一意把心思放在工作上。而不把企业当回事，总想着此处不留我，自有地方留我的人，工作是消极的、怠慢的。"给多少钱，做多少事"是他们的宗旨，当然他们的工作质量也就无法保证。

把工作做到最好，把成本降到最低，为企业节约，不浪费一张纸、一滴水、一度电，也是为企业着想，与企业共命运的表现。当浪费成为一种风气，企业就会受到严重的亏损，企业利益不保，个人利益当然也就无从说起。一个明白自己与企业的命运相连的人，是不会浪费企业的资源与财产的。一些管理者因为自己手中的权力而挥霍浪费，甚至将公司财物纳为己有。虽然到最后受到法律的制裁，但公司却因为他们的行为而受损。优秀的管理者不仅会在这方面管好自己，还会严格要求团队成员，管理好公司的财物不受侵犯和损害。损害公司财物也就是损害大家的财物，是所有人都不能原谅的行为。一个家庭中所有人都会为了家庭更富有而努力，企业与家庭一样，只有所有人都劲往一处使，朝着同一个方向，才能发展得更快更好。

树立主人翁意识，把自己融入团队，站好自己的位置，积极、自觉、主动地工作，并带领团队成员团结一致，在各自的位置上贡献自己的力量，工作中以团队至上，急公司所急，想公司所想，与团队共生存，共发展，当团队具有无限的竞争力并立于不败之地时，自己也就成了团队中最具力量的一员。

附录：测测你的合作指数有多高？

1. 在组织中我总是不敢指出别人的错误：
   A. 是的   B. 有时如此   C. 不是的
2. 我对于工作的思路一直是：
   A. 比较先进   B. 一般   C. 比较保守
3. 当我在工作上说谎时，总是觉得内心羞愧：
   A. 是的   B. 不一定   C. 不是的
4. 我觉得在职场中我确实比别人高明一些：
   A. 是的   B. 不一定   C. 不是的
5. 即使让我做一些平凡的工作，我也会安心的：
   A. 是的   B. 不太确定   C. 不是的
6. 我不太喜欢在工作中争强好胜的人：
   A. 是的   B. 介于两者之间   C. 不是的
7. 在工作中，如果我的意见与老板的不同，我常常：
   A. 保持沉默   B. 不一定   C. 当场表明我的立场
8. 如果我急于想借同事的东西，而同事又不在时，我认为自己拿来也没有什么关系：
   A. 是的   B. 介于两者之间   C. 不是的
9. 如果我到一个新的城市出差，我会：
   A. 到处闲逛   B. 不确定   C. 避免去不安全的地方
10. 我对于工作上的任何问题都有一些见解，大家都认为我是一个有头脑的人：
    A. 是的   B. 介于两者之间   C. 不是的

注：1、3、5、6、7题 ABC 选项分值分别为 0、1、2；其他题分别为 2、1、0。

评价：以上10题最高分为20分，最低分为0分。得分越高表明越是好强和固执，在团队中比较倾向于单干；得分越低表明你越是个谦虚低调的人，比较注重团队合作。